10secretos *para* conseguir el éxito *y* la paz interior

El Poder de la Intención, Wayne W. Dyer, Ph.D.

El Poder Está Dentro de Ti, Louise L. Hay

Respuestas, Louise L. Hay

Sana Tu Cuerpo, Louise L. Hay

Sana Tu Cuerpo A–Z, Louise L. Hay

Usted Puede Sanar Su Vida, Louise L. Hay

Vive Tu Vida, Carlos Warter, M.D., Ph.D.

¡Vivir! Reflexiones Sobre Nuestro Viaje por la Vida, Louise L. Hay

Please visit Hay House USA: **www.hayhouse.com**®
Hay House Australia: **www.hayhouse.com.au**
Hay House UK: **www.hayhouse.co.uk**
Hay House South Africa: **www.hayhouse.co.za**
Hay House India: **www.hayhouse.co.in**

10secretos *para* conseguir el éxito *y* la paz interior

Doctor Wayne Dyer

HAY HOUSE, INC.
Carlsbad, California • New York City
London • Sydney • Johannesburg
Vancouver • Hong Kong • New Delhi

Derechos reservados © 2001 por Wayne W. Dyer

Publicado y distribuido en los Estados Unidos por:
Hay House, Inc., P.O. Box 5100, Carlsbad, CA 92018-5100
(800) 654-5126 • (800) 650-5115 (fax) • www.hayhouse.com

Editorial: Joanna Pyle, Jill Kramer
Diseño de la cubierta: Jenny Richards
Diseño del interior: Jenny Richards
Ilustraciones: Cynthia Allison

Traducción del inglés: Adriana Miniño: **adriana@mincor.net**
Título del original en inglés: 10 Secrets for Success and Inner peace

ISBN 13: 978-1-4019-0690-0
ISBN 10: 1-4019-0690-7

Impresión #1: Octubre 2005
Impresión #4: Septiembre 2007

Impreso en los Estados Unidos de Norteamérica

Para mi hija
Stephanie Louise Dyer:
lo eres todo para mí.

Contenido

Bebe a sorbos de este vino puro.
Que no te importe la copa
sucia en que te es servido.
— Rumi

Pon en orden todo lo que
llegue a tu paso.
— Virginia Woolf

Introducción

Nunca pasa un solo día en que no piense en Dios. Más que pensar en Él, siento su presencia en la mayoría de mis momentos de vigilia. Es una sensación de alegría y satisfacción que va más allá de todo lo que puede transmitirse en un libro. He llegado a conocer la paz del Espíritu en mi vida, y debido a este conocimiento, se ha disminuido la importancia que le atribuía a todas mis inquietudes, problemas, logros y acumulaciones. En esta breve obra, explicaré los diez principios para conseguir el éxito y la paz interior, los cuales, si se dominan y se practican a diario, también lo guiarán hacia esa misma sensación de tranquilidad.

Durante las tres últimas décadas, me han pedido con frecuencia que dicte conferencias en las escuelas secundarias y en las universidades. A menudo mis lectores me animan a escribirles a los adultos jóvenes, que se están embarcando en la edad adulta, para que les brinde mis secretos del éxito y la felicidad.

Este libro sobre mis diez secretos, es precisamente el tema central de mis conferencias y de mis obras, cuando tengo la oportunidad de hablar con los jóvenes. Sin embargo, es igualmente valioso para cualquier persona que haya decidido conscientemente seguir su sendero en la vida. Cada uno de nosotros toma esa decisión en función de su reloj personal. Para algunos, sucede en los primeros años de la edad adulta, y para otros, sucede en medio de la madurez. Estos secretos son aplicables sin importar si está comenzando su sendero en la vida, si se acerca a su fin, o simplemente si está en su sendero.

La mayoría de los libros de este tipo, al igual que los discursos de graduación, enfatizan la importancia del trabajo arduo, la dedicación, la planificación financiera, las estrategias de las relaciones personales, la selección de la profesión apropiada, escuchar a nuestros mayores, el respeto por las normas, tener metas realistas, llevar un estilo de vida saludable y permanecer en un estado de gratitud. Todos estos son buenos consejos y verdaderamente benefician a aquellos que deciden escucharlos y aplicar su sabiduría. En mi experiencia, sin embargo, tanto como profesor durante toda mi vida, como padre de ocho hijos desde los 11 a los 33 años, estos son precisamente el tipo de consejos que nos llevan a preguntarnos: *¿Es eso todo?*

Por esa razón, no ofrezco consejos sobre

fijarse metas, trabajar arduamente para conseguir lo que uno desea, planificar su futuro financiero, escucharnos a nosotros los mayores, respetar nuestra cultura, y así sucesivamente. De hecho, casi siempre he seguido mis impulsos internos, pagando el precio por seguir el camino "menos transitado" resistiéndome a seguir las normas impuestas por la sociedad. Sería entonces hipócrita de mi parte decirles ahora que sigan mis preceptos. Mas bien, lo que les ofrezco, son diez secretos, por medio de los cuales ustedes podrán permitir que su espíritu los guíe.

En mi experiencia durante varias décadas trabajando con toda una variedad de seres humanos, demasiadas personas toman la decisión de ser miembros anónimos del rebaño, sufriendo así del remordimiento interno que los hace sentirse fracasados, llenos de conflictos y resentimientos y preguntándose cuál es el significado de sus vidas.

He escrito este libro, pues, con la esperanza de que sea de ayuda para todos aquellos que desean evitar esos sentimientos de inadaptabilidad y encontrar así la paz de Dios que define verdaderamente el éxito. Lea estos secretos con un corazón abierto. Aplique los que resuenen con su ser interior y descarte aquellos que no lo hacen.

Cuando se siente en paz y exitoso, uno desea extender esa paz y ese amor. La violencia, el odio, los prejuicios y las críticas de nuestro mundo, sugieren que tenemos un gran camino que recorrer para alcanzar ese mundo de paz interna y externa.

Reciba mi amor y mis mejores deseos.

— Wayne W. Dyer

El primer secreto

*Me gustaría decir todo lo que pienso y
siento hoy, con la salvedad de que mañana
quizás puedo contradecirlo todo.*

— Ralph Waldo Emerson

*Siempre albergo
grandes esperanzas.*

— Robert Frost

Abra su mente a todo y no se apegue a nada

El primer secreto

Abra su mente a todo y no se apegue a nada

Mantener la mente abierta a todo y no apegarse a nada, suena muy fácil hasta que piensa en todo el condicionamiento que se ha llevado a cabo en su vida, y en la cantidad de pensamientos actuales que han sido influenciados por la zona geográfica, las creencias religiosas de sus ancestros, el color de su piel, la forma de sus ojos, las opiniones políticas de sus padres, su talla, su género, las escuelas que fueron seleccionadas para usted, y la vocación de sus bisabuelos, por nombrar tan solo unas cuantas posibilidades. Usted vino a este mundo como un diminuto bebé capaz de un número infinito de posibilidades. Muchas de sus opciones permanecen inexploradas debido a un programa de condicionamiento, el cual suponemos es bien intencionado, diseñado para ayudarlo a ajustarse a la cultura de quienes están a su cargo. Es muy posible que usted no haya tenido prácticamente la más mínima oportunidad, de estar en desacuerdo con los aspectos culturales y sociales que le fueron impuestos en su vida.

Puede ser que haya habido algún adulto que lo haya animado a tener la mente abierta, pero si es honesto consigo mismo, sabe que su filosofía de la vida, sus creencias religiosas, su manera de vestir y su lenguaje, están directamente relacionados con lo que su tribu (y su legado) determinaron que era lo correcto para usted. Si hizo muchos aspavientos en contra de este condicionamiento preconcebido, posiblemente tuvo que escuchar voces aun más fuertes, insistiéndole que retornara a su senda y que hiciera lo que "siempre se ha hecho." La noción de ajustarse anuló la posibilidad de tener una mente abierta a nuevas ideas.

Si sus padres eran judíos, es poco probable que haya sido educado para que respetara y honrara la religión musulmana, y viceversa. Si sus padres pertenecían al Partido Republicano, es poco probable que haya escuchado alabar las virtudes del Partido Demócrata. Cualesquiera que hayan sido las razones de nuestros ancestros para no tener su mente abierta, son justificables ya que ellos habitaban un mundo mucho menos poblado que el nuestro. En el mundo superpoblado de hoy, sencillamente no podemos seguir viviendo con esa mentalidad cerrada de antaño. Le animo a que abra su mente a todas las posibilidades, que resista cualquier esfuerzo por encasillarse, y que rehúse que el pesimismo entre en su conciencia. Me parece que tener una mente abierta a

todo y no apega-
da a nada, es
como uno de
esos principios

básicos que usted puede adoptar para con-
tribuir a la paz individual y mundial.

Nadie sabe tanto como para ser pesimista

Trate de observar un día un diminuto ger-
men de hierba surgir de una semilla. Cuando
lo consiga, permítase sentir el asombro ante la
maravilla de lo que está viendo. Un famoso
poeta llamado Rumi dijo: "Vende astucia y
compra perplejidad." La escena de un semilla
germinando representa el comienzo de la vida.
Nadie en este planeta tiene tan siquiera la más
remota idea de la forma en que todo esto funciona. ¿Cuál es esa chispa creadora que hace
que brote la vida? ¿Quién creó al observador, la
conciencia, la observación y hasta la misma

percepción? Las preguntas son infinitas.

Hace poco tiempo, los terrícolas del programa espacial, lograban mover un diminuto vehículo en Marte por medio de un control remoto. Las señales invisibles tomaban diez minutos para viajar a través del espacio y llegar a hacer que doblara a la derecha para que una pala tomara una muestra de los bienes raíces marcianos para su posterior examen. Todos nos maravillamos ante tales proezas tecnológicas. Pero reflexionemos por unos instantes. En un universo infinito, llegar a Marte, nuestro vecino más cercano, ¡es el equivalente a moverse una milmillonésima parte de una pulgada a través de la página que usted está leyendo! Transportamos un pequeño vehículo hasta donde nuestro vecino más cercano y quedamos asombrados ante nuestros logros.

Hay miles y miles de millones de planetas, objetos y estrellas tan solo en nuestra galaxia, y hay innumerables de miles de millones de galaxias en el espacio. Somos un pequeño punto en un universo incompresiblemente vasto que no tiene fin. Piense en lo siguiente: Si encontráramos el final, ¿habría un muro al borde del universo? Y si así fuera, ¿quién lo construyó? Aun más asombroso: ¿qué habría del otro lado del muro?, y ¿cuál sería su espesor?

¿Cómo puede alguien ser pesimista en un mundo en donde conocemos tan poco? El corazón empieza a latir en el vientre de una madre tan solo unas semanas después de la concepción, y eso es un misterio total para todos en nuestro planeta. En comparación con el conocimiento disponible, somos tan solo embriones. Mantenga esto en mente cuando encuentre a alguien que esté totalmente seguro de que solo hay una manera de hacer algo.

Resístase a ser pesimista. Resista con todas sus fuerzas, porque escasamente sabemos algo en comparación con el conocimiento que *está* disponible. ¿Puede imaginarse lo que un pesimista que haya vivido hace tan solo doscientos años pensaría del mundo en que vivimos hoy en día? Aviones, electricidad, automóviles, televisión, controles remotos, Internet, máquinas de fax, teléfonos celulares y demás. Y todo eso debido a esa chispa de mentalidad abierta que permitió que afloraran el progreso, el crecimiento y la creatividad.

¿Y qué tal el futuro y todos *sus* mañanas? ¿Se puede imaginar enviándose por fax de regreso al siglo XIV, volando sin máquinas, comunicándose por telepatía, desmolecularizándose y reapareciendo en otra galaxia, o clonando una oveja a partir de la fotografía de una oveja? Una mente abierta le permite explorar, crear y crecer. Una

mente cerrada sella con cerrojo dichas inter-
pretaciones creativas. Recuerde que el progreso
sería imposible si siempre hiciéramos las cosas
tal como siempre se han hecho. La habilidad
para participar en milagros — verdaderos milagros en su vida — ocurre cuando abre su mente
a su ilimitado potencial.

La mente presta al milagro

Rehúse permitirse tener pocas expectativas
sobre lo que es capaz de crear. Tal como Miguel
Ángel sugirió: el peligro más grande no radica
en que sus expectativas sean demasiado altas y
no logre alcanzarlas, sino en que sean demasiado bajas *y las alcance.* Posea en su interior
una llama imaginaria que arda sin cesar con
gran resplandor, sin importar lo que suceda
ante sus ojos. Permita que esta llama interna
represente la idea de que usted es capaz de
obrar milagros en su vida.

En todos los casos de personas que han experimentado una curación espontánea o que han logrado superar algo que parecía imposible, los individuos pasaron por una transformación total de su personalidad. De hecho, ellos reescribieron su propio acuerdo con la realidad. Para experimentar milagros espontáneos con cariz divino, usted debe percibirse como un ser divino. Dicen las escrituras: "Con Dios todas las cosas son posibles." Entonces, dígame usted, ¿Qué puede escaparse a eso? Una mente abierta a todo quiere decir una mente pacífica que irradie amor, que practique el perdón, que sea generosa, que respete toda la vida, y, lo más importante, que se visualice como un ser capaz de hacer cualquier cosa que pueda concebir en su mente y en su corazón. Cualquiera que haya sido la ley universal usada para manifestar milagros en cualquier lugar, momento o persona, todavía sigue presente.

Nunca ha sido abolida, ni lo será. Usted posee la misma energía, la misma conciencia divina necesaria para manifestar milagros, pero esto solo es posible si lo cree verdaderamente en su interior.

Entienda que lo que usted piensa se expande ("Tal como el hombre piensa, así es"). Si sus pensamientos están llenos de dudas y posee una mente cerrada, actuará por fuerza según esas dudas de mente cerrada y verá la evidencia de sus pensamientos, virtualmente en cualquier lugar en que se encuentre. Por otro lado, si usted decide (no se equivoque aquí, *es* su decisión) tener una mente abierta a todo, entonces actuará según esa energía interna y será el creador así como el recipiente de milagros a donde quiera que vaya. Experimentará lo que Walt Whitman quiso decir cuando escribió, "Para mí, cada pulgada cúbica de espacio, es un milagro."

Qué quiere decir estar abierto a todo

Todo significa eso, exactamente todo. Sin excepciones. Cuando alguien le sugiere algo que está en conflicto con su condicionamiento, en vez de responder con algo como: "Eso es ridículo, todos sabemos que es imposible," diga: "Nunca he considerado eso antes. Lo pensaré." Ábrase a las ideas espirituales de todas las personas, y escuche con una mente abierta las ideas y los pensamientos descabellados que parecen absurdos a primera vista. Si alguien le sugiere que los cristales pueden curar las hemorroides, que las hierbas naturales pueden bajar el colesterol, que eventualmente la gente será capaz de respirar bajo el agua o que la levitación es posible, escuche con curiosidad.

Deje ir sus apegos a lo que está entrenado a creer. Abra su mente a *todas* las

posibilidades, porque ya sea que usted crea que algo es posible o es imposible, en los dos casos estará en lo cierto. ¿Cómo puede ser cierto esto? Su contrato con la realidad y con todo lo que es posible, determinará los resultados. Si está convencido de que no puede ser rico, famoso, artístico, deportista profesional, un gran cantante o lo que sea, actuará según esa convicción interna que le impide manifestar lo que realmente desea. Todo lo que logrará obtener de sus esfuerzos es tener la razón. Cuando usted tiene la necesidad de tener la razón, se apega a su reflejo condicionado de la manera en que las cosas siempre han sido, y asume que siempre serán así.

Liberarse de sus apegos

Este primer secreto tiene dos componentes: (1) una mente abierta a todo, y (2) una mente que no se apega a nada. Sus apegos son la fuente de todos sus problemas. La necesidad de tener la razón, de poseer algo o a alguien, de ganar a como dé lugar, de ser visto como superior por los demás, todos estos son apegos. La mente abierta se resiste a estos apegos y, en consecuencia, experimenta paz interna y éxito.

Para liberarse de los apegos, tiene que cambiar la manera en que se ve a sí mismo. Si se identifica primordialmente con su cuerpo y con sus posesiones, su ego es la fuerza dominante en su vida. Si ha logrado domar lo suficiente a su ego, invocará a su espíritu para que sea la fuerza que guíe su vida. Como un ser espiritual, puede observar su cuerpo y ser un testigo compasivo de su existencia. Su aspecto espiritual ve como una locura los apegos, porque su ser espiritual es un alma infinita. Nada puede hacerlo feliz o exitoso. Esos son conceptos internos que usted trae a su mundo, y no algo que recibe de él.

Si tiene pensamientos pacíficos, sentirá emociones pacíficas y eso es lo que usted aportará a cada situación de la vida diaria. Si está apegado a tener la razón o a la necesidad absoluta de algo para estar en paz o sentirse exitoso, llevará una vida de lucha constante sin lograr alcanzar jamás sus metas.

Es posible tener deseos intensos sin tener apegos. Puede tener una visión interna de lo que desea manifestar y aun así desprenderse del resultado. ¿Cómo? Considere esta observación de *Un curso en milagros*: "La paciencia infinita produce resultados inmediatos." Suena como una paradoja, ¿verdad? La paciencia infinita implica la certeza absoluta de que lo que desea manifestar en realidad va a aparecer, en perfecto orden y exactamente a tiempo. El resultado inmediato que recibe de esta sabiduría interna es una sensación de paz. Cuando se libera del resultado está en paz y, al final, verá los frutos de sus convicciones.

Suponga que tiene la opción de escoger entre dos varitas mágicas. Con la varita mágica A, puede tener cualquier cosa material que desee con tan solo ondularla. Con la varita mágica B, puede tener una sensación de paz por el resto de su vida sin importar las circunstancias que puedan surgir. ¿Cuál escogería? ¿La garantía de tener cosas materiales, o la de tener paz interna por el resto de su vida? Si opta por la paz, entonces ya tiene la varita mágica B. Tan solo tiene que tener una mente abierta a todo y apegada a nada. Deje que todo llegue y parta a su antojo. Disfrute de todo, pero nunca permita que la felicidad o el éxito dependan de un apego a una cosa o a un lugar, pero, sobre todo, a nadie en particular.

En todas sus relaciones, si puede amar a alguien lo suficiente como para permitirle ser exactamente eso que ha decidido ser, sin expectativas o apegos de su parte, conocerá la verdadera paz en su vida. El amor verdadero significa amar a una persona por lo que *es* y no porque lo que usted cree que *debería* ser. Esto es tener una mente abierta *y* libre de apegos.

El segundo secreto

*Tan solo hay una vida
para cada uno de
nosotros, la propia.*
— Euripides

No muera sin haber expresado la música que lleva dentro

*Un músico debe componer,
un artista debe pintar y un
poeta debe escribir con tal
de estar en paz consigo. Lo
que un hombre puede ser,
debe serlo.*
— Abraham Maslow

El Segundo Secreto

No muera sin haber expresado la música que lleva dentro

El mundo en que vive es un sistema inteligente en el cual cada parte en movimiento, está coordinada por otra parte en movimiento. Hay una fuerza vital universal que todo lo apoya y lo orquestra. Así, todo funciona en perfecta armonía. *Usted* es una de esas partes en movimiento. Usted vino a este mundo en el cuerpo que habita, justo a tiempo. Su cuerpo se irá con la misma precisión. Usted es una pieza esencial de este complejo sistema, y está aquí, en este sistema inteligente que no tiene comienzo ni final, en el cual todas las galaxias se mueven en armonía. Por lo tanto, piense que *debe* estar aquí por una razón.

Jalil Gibran decía: "Cuando nacemos, se nos asigna nuestra tarea en el corazón." Entonces, ¿cuál es su tarea? ¿Su propósito? ¿Está viviendo de la forma que su corazón le pide que viva?

Escuche a su corazón

Tome un momento ahora mismo para apuntar su dedo hacia usted y señalarse. Seguramente que su dedo está señalando su corazón. No su cerebro, sino su corazón. Ese es usted. El latido constante de su corazón, de dentro hacia fuera, de afuera hacia dentro, es un símbolo de su conexión infinita con el latido siempre presente de Dios, o de la Inteligencia Universal. Su hemisferio izquierdo calcula, imagina, analiza y se manifiesta con las opciones más lógicas para usted. ¡Piensa, piensa y piensa! Su hemisferio derecho representa su lado intuitivo. Esa es la parte que va más allá de la razón y del análisis. Es la parte que siente las cosas, que es sensible al amor, que se emociona por las cosas que son importantes para usted. Su hemisferio derecho le permite llenarse de lágrimas cuando alza a su bebé o disfrutar de la belleza de un día glorioso. Su hemisferio izquierdo puede *analizar*, mientras que su hemisferio derecho le permite *sentir*.

Piense en una situación en particular y pregúntese si es más importante para usted lo que sabe o lo que siente. En general, de lo que primero se ocupa depende de la situación y de las circunstancias en las que se encuentra. Su intelecto puede imaginarse exactamente cómo está supuesto a actuar en una relación cuando las cosas se están derrumbando (o cuando están gloriosas), y también hay momentos en que siente que sobrepasan todo lo que sabe. Si *se siente* temeroso, con miedo, solitario, o al contrario, emocionado, cariñoso y en éxtasis, esas serán las fuerzas dominantes según las cuales actuará. Estas son las ocasiones en las cuales su hemisferio derecho tendrá la razón. Esta parte de su cerebro siempre lo guiará apasionadamente hacia su propósito.

Escuchar a su hemisferio derecho

Hay una presencia invisible e intuitiva que siempre lo acompaña. Veo esa presencia como una pequeña criatura fastidiosa que se posa en su hombro derecho y le recuerda cuando ha perdido su sentido del propósito. Este compañerito es su propia muerte, que lo urge a seguir con su propósito en su vida porque tan solo le quedan unos días para lograrlo, luego, su cuerpo partirá de esta visita. Su compañero invisible lo estimula cuando pasa otro día haciendo algo que otra persona le haya dictado, y que no forma parte de su pasión en la vida.

Siempre que tenga pensamientos frustrantes se dará cuenta de que se está alejando de su propósito. Sin embargo, no siempre actuará en función de este conocimiento, debido a que su hemisferio izquierdo no siempre se arma de valor para seguir el llamado que su hemisferio derecho le está indicando que es su destino. Su voz interna e intuitiva sigue pidiéndole que toque la música que escucha para que no se muera con ella dentro. Pero su hemisferio izquierdo le dice: "Espera un momento. Ten cuidado, no te arriesgues, podrías fallar, podrías desilusionar a todos aquellos que piensan que deberías hacer algo distinto a lo que haces. Entonces su compañero invisible del hemisferio derecho (su muerte) le habla aun más alto. El volumen sube cada vez más, tratando de que siga sus sueños.

Escuchar exclusivamente a su hemisferio izquierdo lo convertirá a final de cuentas en un simulacro o aún peor, en un autómata, en alguien que se levanta cada día con la multitud, trabajando en lo que le proporciona dinero y le paga sus cuentas, y luego lo conduce de regreso a casa para levantarse a la mañana siguiente y repetir la misma historia, tal como lo dice una conocida canción. Mientras tanto, la música que hay en su interior se desvanece hasta el punto de que es prácticamente inaudible. Pero su compañero constante e invisible siempre escucha esa música y sigue golpeándole su hombro.

En su intento por llamar su atención, puede mostrarse en forma de una úlcera, o en un fuego que quema su resistencia, o siendo despedido de un trabajo sofocante, o poniéndolo de rodillas ante un accidente. Por lo general, estos accidentes, enfermedades y todas las

formas de mala suerte, finalmente logran llamar su atención. Pero no siempre es así.
Algunas personas terminan como el personaje
de Tolstoi, Ivan Ilyich, quien angustiado en su
lecho de muerte proclamó: "¿Qué tal si toda mi
vida ha sido una equivocación?" Una escena
espantosa, diría yo.

Pero usted no tiene que escoger ese destino. Escuche a su compañero invisible, exprese
la música que escucha, e ignore lo que todas las
personas a su alrededor piensen acerca de lo
que hace. Tal como lo señaló Thoreau: "Si un
hombre no sigue el ritmo de sus compañeros,
talvez es porque él escucha un tam-
borilero distinto. Déjenlo seguir el
ritmo de la música que escucha, ya sea
cadenciosa o distante".

Esté dispuesto a aceptar que los
demás lo vean como si los hubiera
traicionado, pero usted no ha

traicionado a su música, a su propósito. Escuche su música y haga lo que tenga que hacer para sentirse realizado, completo y para sentir que está realizando su destino. Nunca estará en paz si no deja que esa música se exprese y suene. Permita que el mundo se entere de su razón de vivir, y hágalo apasionadamente.

Vivir apasionadamente implica tomar riesgos

Es posible que de hecho se encuentre viviendo una vida cómoda cuando no sigue sus instintos. Paga sus cuentas, llena todos los formularios apropiados y vive una vida que se ajusta y se aplica según las normas que dicta la sociedad. Pero esas normas fueron escritas por otros. Esté al tanto de ese compañero fastidioso que le dice: "Esto puede parecer correcto, pero, ¿te hace sentir bien? ¿Estás haciendo lo que viniste a hacer a este mundo?" Para muchas personas, la respuesta es: "¿Cómo sé cuál es mi misión heroica?"

Usted descubrirá su pasión en lo que más lo inspira. ¿Y qué quiere decir la palabra inspirar? Se deriva de las palabras "en- espíritu." Cuando está inspirado, nunca tiene que preguntarse cuál es su propósito. Porque lo está viviendo. Para una de mis hijas, se trata de montar a caballo y pasar su tiempo en los establos. Ella se siente en el paraíso cuando está montando a caballo o hasta cuando está limpiando una caballeriza llena de estiércol. Para otra de mis hijas, su inspiración es cantar, componer música o actuar. Lo ha sentido así desde que tenía dos años de edad. Para otra, su arte y sus diseños la hacen sentir que vive su propósito. Para otro de mis hijos, es diseñar páginas de Internet y crear programas de computadoras para la gente. Para mí, es escribir y dictar conferencias y crear productos que ayuden a los demás a realizarse. Esta siempre ha sido mi pasión, desde que era un niño.

¿Cuál es *su* pasión? ¿Qué le conmueve el alma y lo hace sentir que está en total armonía con su propósito al venir a este mundo? Sepa con seguridad que sea lo que sea, puede ganarse la vida haciéndolo y al mismo tiempo brindarle un servicio a los demás. Se lo garantizo.

El miedo es lo único que evitará que toque la música que escucha y que siga el ritmo de ese tambor tan peculiar que lleva en su interior. Según *Un curso en milagros*, hay solamente dos emociones básicas. Una es el miedo, la otra es el amor. Puede temer que los demás lo desaprueben. Asuma ese riesgo y descubrirá que recibirá mayor aprobación cuando no busque recibirla. Puede temer a lo desconocido. Asuma ese riesgo por igual. Deambule por esos terrenos desconocidos, preguntándose: "¿Qué es lo peor que me puede suceder si no logro que esto me salga bien?" La verdad es que logrará superarlo. No se morirá de hambre ni será torturado si algo sale mal. Puede temer tener éxito. Ha estado condicionado para creer que es incompetente o limitado. La única forma de impugnar esos conceptos absurdos es avanzar hacia lo que sabe que es su destino y dejar que el éxito lo siga, y lo más probable, es que así será. O puede tener el mayor de los miedos: Puede temer al fracaso.

El mito del fracaso

Esto puede sorprenderlo, pero el fracaso es una ilusión. Nadie falla nunca en nada. Todo lo que uno hace produce un resultado. Si está tratando de aprender a agarrar una pelota de fútbol americano y alguien se la tira y usted la deja caer, no ha fracasado. Tan solo produjo un resultado. La pregunta verdadera es qué hará con el resultado que ha producido. ¿Se retira y se queja por haber fallado como jugador de fútbol americano, o se dice a sí mismo: "Tírala de nuevo", hasta que finalmente logra atrapar todas las pelotas? El fracaso es un juicio. Es tan solo una opinión. Proviene de sus miedos, los cuales pueden eliminarse por medio del amor. Ámese. Ámese por lo que hace. Ame a los demás. Ame a su planeta. Cuando siente amor en su interior, el miedo no puede sobrevivir. Piense en el mensaje de estas sabias y antiguas palabras: "El miedo llamó a la puerta. El amor la abrió y no había nadie."

Esa música que usted escucha en su interior y que lo anima a que tome riesgos y a que siga sus sueños, es su conexión intuitiva con el propósito que está en su corazón desde su nacimiento. Haga todo lo que hace con entusiasmo. Sea apasionado y sepa que la palabra *entusiasmo* significa literalmente "el Dios (*énthus*) interno (*iasmós*). La pasión que usted siente es Dios en su interior haciéndole señas para que tome riesgos y sea lo que tiene que ser."

El segundo secreto

He descubierto que los riesgos que se perciben como tales, no lo son en absoluto una vez que logra trascender los miedos y deja que el amor y el respeto propio tomen su lugar. Cuando produce un resultado ante el cual se ríen los demás, se le incita a que ría a su vez. Cuando siente respeto propio, un tropiezo le permite reírse de sí mismo por el tropiezo ocasional. Cuando se ama y se respeta, la desaprobación de alguien no es algo que debe temer y evitar. El poeta Rudyard Kipling decía: "Si puedes enfrentarte al triunfo y al desastre, y tratar a esos dos impostores de la misma manera, ... tuya será la tierra y todo lo que hay en ella." La palabra clave es impostores. No son reales. Tan solo existen en las mentes de las personas.

Siga a su hemisferio derecho, escuchando lo que siente y haga sonar su propio estilo de música. No tiene que temer a nada ni a nadie, y jamás experimentará el terror de posarse en su lecho de muerte y decir: "¿Qué tal que toda mi vida haya sido una equivocación?" Su compañero invisible en su hombro derecho lo golpeará cada vez que se aleja de su propósito. Lo hace consciente de su música. Entonces, escúchela, y no se muera llevándola por dentro.

El tercer secreto

Ningún hombre ocupado haciendo
algo difícil y haciéndolo bien, ha
perdido jamás su respeto propio.

— George Bernard Shaw

No se
puede dar
lo que no
se tiene

Cuando consiga confiar en sí
mismo, sabrá cómo vivir.

— Johann Wolfgang von Goethe

El tercer secreto

No se puede dar lo que no se tiene

¡Es obvio que no puede dar lo que no tiene! Es tan obvio que se podría estar preguntando por qué es uno de mis diez secretos para la paz y la felicidad internas. Es debido a que he descubierto que la mayoría de las personas que no gozan de paz interna y éxito en sus vidas, no han logrado comprender esta verdad tan sencilla.

Piense en las personas que responden con amor cuando reciben energía negativa. No hay muchas personas que responden con amor a esa situación. Los que logran hacerlo, es porque están llenos de amor para dar. Saben que es imposible dar lo que no se tiene, y ellos han llegado lo más lejos posible para adquirir lo que desean atraer y ofrecer. Si desea dar y recibir amor y alegría, entonces recuerde que no puede dar lo que no tiene, pero *sí puede* cambiar su vida cambiando lo que tiene en su interior, siempre y cuando esté dispuesto a llegar tan lejos como sea necesario.

Cambiar su interior

Considere el siguiente concepto de su realidad interna. Sus pensamientos crean su realidad porque sus pensamientos determinan cómo responder a las situaciones en su vida diaria. Esas respuestas son la energía que tiene para ofrecer en su interior. Si está enojado, es porque tiene energía de ira en su cuerpo. Como todo en nuestro universo, nuestros pensamientos son una forma de energía. Todo lo que siente y experimenta es el resultado de lo que llamo *energías atractoras*. Esto significa que atrae lo que envía al mundo. Por consiguiente, lo que atrae es lo que tiene para entregarle a los demás.

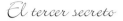

La baja energía se atrae a sí misma. Algunos pensamientos de baja energía son la ira, el odio, la vergüenza, la culpa y el miedo. No solamente lo debilitan, sino que además atraen más de lo mismo. Al cambiar sus pensamientos internos hacia las frecuencias más elevadas de amor, armonía, bondad, paz y alegría, atraerá más de lo mismo, y podrá ofrecer esas energías elevadas. Estas frecuencias más elevadas y más rápidas lo empoderan, anulan y disipan automáticamente las bajas energías, de la misma forma que la presencia de la luz hace desaparecer la oscuridad.

Amor y respeto propios

Al sentir más amor por sí mismo, atrae más las energías elevadas y rápidas, y comienza el cambio en su interior. En sus pensamientos, cultive una voz y una actitud internas que estén el 100% del tiempo a su favor. Imagínese una de sus facetas que solo lo apoya y lo ama. Puede programar una cierta hora al día para que sea el único pensamiento al que le preste atención. Con el tiempo, esta actitud se extenderá hacia los demás aunque pueda hacerlo por solo uno o dos minutos. Comenzará a recibir esta energía de regreso y por ultimo, será capaz de enviar pensamientos de amor y alegría a todo y a todos en su mundo. Advierta cuando sus pensamientos tienden hacia las bajas energías del ridículo, o del miedo o la culpa, y si es posible, cambie ese pensamiento en ese preciso momento. Si no es capaz de cambiar su pensamiento, entonces por lo menos ámese por lo que *sí hizo*, es decir, por advertirlo.

Haga el pacto de recordarse a menudo este secreto de no poder dar lo que no tiene. Y entonces practique su programa personal de amor, respeto y poder propios y cree un inventario gigantesco de lo que tiene para dar.

Una de las lecciones que sigo aprendiendo

y practicando es que el universo responde con la misma energía que le enviamos. Si atrae a muchas personas que desean aprovecharse de usted, debe detenerse a considerar qué es lo que está haciendo para atraer abusadores a su vida. Si encuentra personas enojadas con frecuencia, explore los pensamientos de ira en su interior. Si en su conciencia, su energía es la de "¡Dame, dame, dame!", atraerá todo tipo de energías exigentes en su vida. Sabrá que esto es cierto por la cantidad de metas que no se cumplen, jefes o clientes exigentes en su camino y el sentimiento de víctima con el que vive. Envíe al universo la energía de: "¡Dame, dame, dame!" y el universo se la devolverá.

Si lo que ofrece es respeto y amor propios, el universo, por medio de la energía atractora, le devolverá el amor y el respeto que irradia. Es muy sencillo. No se puede dar lo que no se tiene.

La ironía de dar

Si desea ofrecerles a sus vecinos una docena de naranjas como muestra de su aprecio, es obvio que primero tiene que poseer las doce naranjas. Si tiene la intención de comprar un nuevo automóvil para sus padres para demostrarles su gratitud por su apoyo durantes sus estudios de medicina, es natural que primero tiene que tener los medios para hacerlo. De igual modo, no puede ofrecer amor a los demás si no lo siente hacia usted primero. No puede mostrar respeto por los demás, si *no siente* respeto propio. No puede ofrecer felicidad si se siente infeliz. Y por supuesto, el contrario también es cierto.

Solo puede dar lo que *tiene*, y todo lo que ofrece, todos y cada uno de sus días, forma parte de su inventario personal. Si está dando odio, es porque ha almacenado odio para dar en su interior. Si da miseria, es porque ya tiene un suministro listo y disponible del cual seleccionar y distribuir.

Este concepto se simplifica describiendo una naranja que se exprime. Cuando exprime una naranja, siempre sale jugo de naranja. Esto sucede así siempre sin importar quién la exprima, qué hora del día sea, qué utensilio use para exprimirla o cuáles circunstancias rodeen a la naranja que está siendo exprimida. Lo que sale es lo que hay adentro. La misma lógica aplica en su caso.

Cuando alguien lo exprime, de alguna manera le presiona, o dice algo desagradable o le hace una crítica y si usted se expresa con ira, odio, amargura, tensión, depresión o ansiedad, es porque *eso es lo que hay en su interior*. La ironía es que no puede dar lo que *no tiene* porque siempre está dando lo que *sí tiene*. Si desea moverse hacia el dominio del propósito dando y sirviendo a los demás, pregúntese: "¿Qué tengo en mi interior? Y, ¿Por qué he escogido almacenar este tipo de energías dentro de mi para darle a los demás?"

Encontrar su propósito

Lo más probable es que anhele conocer su propósito en la vida. La pregunta que escucho con más frecuencia es: "¿Cómo puedo saber cuál es mi propósito?" La persona que me plantea esta pregunta, con frecuencia me explica su dilema diciendo: "Sería mucho más feliz si pudiera conocer mi propósito, pero es que en realidad no tengo idea de cuál es." Mi respuesta es que usted llegó a este mundo sin nada. Y va a dejar este mundo físico exactamente de la misma forma. Nada de lo que ha adquirido o logrado se irá con usted. Por lo tanto, lo único que puede hacer con su vida, es entregarla. Se sentirá que está cumpliendo con su propósito cuando pueda encontrar la manera de estar *siempre al servicio de los demás.*

El propósito es el servicio. Se trata de dejar de pensar en sí mismo y en sus propios intereses y servir a los demás de alguna manera. Usted construye edificios porque ama hacerlo. Pero hágalo para hacer felices a los demás. Usted es un diseñador porque su corazón lo dirige hacia el diseño. Pero sus diseños están al servicio de los demás. Usted escribe porque le encanta expresarse por medio de las palabras. Pero esas palabras ayudan e inspiran a sus lectores. Si todavía no conoce su propósito, seguirá buscándolo a lo largo de todas las etapas de su vida. Hay muchos modelos distintos que describen las etapas de la vida. En este caso, usaré las cuatro etapas arquetípicas del atleta, el guerrero, el gobernante y el espíritu para demostrarle en pocas palabras, cuál es su propósito en cada etapa.

En el arquetipo del atleta, el enfoque está exclusivamente en el cuerpo físico y en cómo luce y se desempeña. El arquetipo del guerrero desea competir, conquistar y coleccionar galardones. El arquetipo del gobernante se enfatiza en la realización de los deseos de los demás preguntando: "¿En qué puedo servirte?" La última etapa (la más elevada que conocemos) pertenece al arquetipo del espíritu. En esta etapa, usted se da cuenta de lo que significa estar *en* este mundo, pero no ser *de* este mundo. Su parte espiritual sabe que ni su cuerpo ni este mundo, son su domicilio exclusivo. El arquetipo del espíritu le invita a minimizar las preocupaciones del mundo material y a poner más energía en la esencia de la vida, la cual es amor y servicio.

Al ir progresando a través de estos cuatro arquetipos, descubrirá que cada vez piensa menos y menos en sus propios intereses y más y más en lo que puede hacer para que este mundo sea un mejor lugar para todos. De esta manera, descubrirá una gran verdad. Mientras más persiga sus propias metas y sus propios intereses, más lo eludirán estas metas. Pero cuando pone sus pensamientos y sus actividades, sin importar cuales son, al servicio de los demás, esas cosas que antes tenía que perseguir, ahora lo siguen a donde quiera que vaya. Cuando logra sacarse por completo del escenario, pareciera que las fuerzas del universo conspiran para ofrecerle todo lo que antes buscaba para usted. Y todo porque ya no está apegado a ellas, fluyen dentro y fuera de su vida con libertad.

En esencia, le pido que deje de tomarse su vida de manera tan personal. Puede terminar todo el sufrimiento recordándose que nada en el universo es personal. Por supuesto que le han enseñado que se tome la vida personalmente, pero eso es una ilusión. Amanse su ego, y libérese por completo de tomarse las cosas personalmente.

Mantenga en mente estos pensamientos, en particular cuando se sienta perdido o inseguro acerca de su propósito. "Mi propósito es dar. Dirijo mis pensamientos lejos de mi persona, y me paso las siguientes horas buscando la forma de prestarle servicio a alguien o a cualquier criatura de nuestro planeta que está en peligro. Esto lo lleva de regreso a darse cuenta que no importa lo que haga, siempre y cuando sea capaz de dar. Para entregarse por completo, prestar servicio y llegar a sentir que está cumpliendo con su propósito, debe ser capaz de decir: "Sí", cuando se haga la pregunta: "¿De verdad poseo lo que deseo dar?"

El cuarto secreto

La soledad, en el sentido de estar solo con frecuencia, es esencial para profundizar en la meditación o en el carácter; y la soledad en la presencia de la belleza natural y de la majestuosidad, es cuna de pensamientos y aspiraciones que no solamente son buenos para el individuo, sino que además, sería perjudicial para la sociedad prescindir de ellos.

— John S. Mill

Quizás una de las mayores recompensas de la meditación y de la oración, es el sentimiento de pertenencia que nos proporcionan.

— Bill W.

Acoja el silencio

El cuarto secreto

Acoja el silencio

Vivimos en un mundo ruidoso, constantemente bombardeados con música alta, sirenas,
equipos de construcción, aviones, camiones
estruendosos, podadoras y cortadores de
césped. Estos sonidos creados por el hombre y
que no forman parte de la naturaleza, invaden
sus sentidos y obstaculizan el silencio. De
hecho, nos hemos criado en una cultura que
no solo esquiva el silencio, sino que además le
teme. El radio del automóvil debe estar encen-
dido y cualquier pausa en la conversación, es
un momento de apuro que las personas se
prestan rápidamente a llenar con cualquier
cháchara. Para muchas personas, el silencio es
una pesadilla, y quedarse solo y en silencio es

tortura pura. El famoso científico Blas Pascal observaba: "Todas las miserias del hombre se derivan de no ser capaz de sentarse solo y en silencio en una habitación."

El valor del silencio

Hay un momento de silencio en el espacio entre sus pensamientos, el cual usted puede llegar a notar con la práctica. En este espacio de silencio, encontrará la paz que ansía en su vida cotidiana. Nunca conocerá esa paz si no permite que haya un espacio entre sus pensamientos. Se dice que la persona promedio tiene a diario 60.000 pensamientos separados. Con tantos pensamientos, no hay casi espacios. Si puede reducir ese número a la mitad, se le abrirá un mundo entero de posibilidades. Porque cuando emerge en el silencio y se integra con él, se reconecta con su fuente y conoce la sensación de paz que algunos llaman Dios. "Cesad y reconoced que Yo soy Dios", citan de manera hermosa los Salmos en el Antiguo Testamento . Las palabras claves son *cesad* y *reconoced*.

Cesar en realidad significa estar en *silencio*. La Madre Teresa describía el silencio y su relación con Dios así: "Dios es el amigo del silencio". Observe cómo la naturaleza, los árboles, la hierba, crecen en silencio, mire las estrellas, la luna y el sol, cómo se mueven en silencio... Necesitamos el silencio para poder tocar almas. ¡Incluyendo la suya!

Es en realidad el espacio entre las notas lo que hace que disfrutemos tanto de la música. Sin los espacios, lo único que obtendríamos será una nota continua y disonante. Todo ha sido creado del silencio. Sus pensamientos emergen de la nada del silencio. Sus palabras salen de este vacío. Su propia esencia surge de ese vacío. Aquellos que nos sustituirán están esperando en el vasto vacío. Toda creatividad requiere de un poco de calma. Su sentimiento de paz interna depende de que logre gastar un poco de su energía vital en silencio para recargar sus baterías, remover las tensiones y la ansiedad, reencontrarse con la alegría de conocer a Dios y sentirse más cerca a la humanidad. El silencio reduce la fatiga y permite que experimente su propia sustancia creativa.

La segunda palabra de la cita del Antiguo Testamento es *reconocer*, lo cual se refiere a hacer su propio contacto consciente con Dios. Reconocer a Dios es desvanecer las dudas y volverse independiente de las definiciones y descripciones que los demás tengan de Dios. En su lugar, usted se forma su propio conocimiento. Tal como decía Melville de manera tan punzante: "La única y exclusiva voz de Dios es el silencio".

Lograr más silencio en su vida

Lo animo a que cada día exija más silencio en su vida. Una de las maneras más efectivas de lograrlo, es hacer de la meditación una práctica diaria. Y recuerde, no existen las meditaciones equivocadas. Tómese un tiempo para sentarse tranquilamente en soledad. Al principio, sus pensamientos tratarán de convencerlo de que es una pérdida de tiempo, que es mejor que se ocupe de algo productivo y que recuerde todo lo que tiene que hacer. Cientos de pensamientos inconexos acudirán a su mente y luego partirán de ella.

Pero usted puede dejar que esa tormenta de protestas mentales se aclimate, sentándose tranquilamente y convirtiéndose en el observador de esa cháchara interna. Eventualmente será capaz de llegar hasta los espacios entre sus pensamientos y advertirá lo pacífico que se siente en ese espacio silencioso cuando salga de él. Inténtelo ahora mismo. Use el Padre Nuestro. Primero, concéntrese en la palabra *Padre* y luego en la palabra *Nuestro*. Intente entrar en el espacio entre las dos palabras, *Padre* y *Nuestro*. Luego haga lo mismo con *que* y *estás* y *en* y *los* y *cielos*. Deslícese por unos segundos en el espacio entre las palabras y sienta la paz y la gloria en ese espacio.

Enseño una meditación, la cual describo en detalle y lo guío a través de ella con mi voz, en una cinta o disco compacto llamado *Meditaciones para la manifestación*. Esta meditación usa el sonido de "ahhhhhh" como un mantra para evitar que sus pensamientos deambulen por su mente durante la meditación de la mañana. Este sonido de mantra está virtualmente en todos los nombres de la Divinidad. Escúchelo por ejemplo en *God*[1], *Yahvé, Alá, Krishna, Jehová, Ra* y *Ptah*. Al repetir el sonido de este mantra, se hace contacto consciente con Dios. La meditación de la tarde usa el sonido de *om*, el sonido de la gratitud por todo lo manifestado en nuestras vidas. Repetir el sonido *ahhhh* en la mañana y *om* en la tarde por

---

[1] Nota de la traductora: *God* significa Dios en inglés y se pronuncia "gad."

aproximadamente 20 minutos, crea una oportunidad para experimentar la paz interior y el
éxito, de una manera desconocida hasta ahora
por usted.

Hay muchas oportunidades para tener
acceso al silencio. Trato de meditar cada vez
que me detengo en un semáforo en rojo. Con
el automóvil detenido y mi cuerpo en inactivi-
dad, con frecuencia, lo único que se sigue
moviendo son los pensamientos en mi mente.
Uso esos dos minutos en el semáforo en rojo
para traer armonía a mi mente con mi
automóvil y mi cuerpo inertes. Recibo una
maravillosa gratificación del silencio. Me
detengo en semáforos en rojo unas 20 ó 30
veces al día, creando de 40 minutos a una hora
de silencio. Y siempre hay alguien detrás de mí
que me recuerda que mi tiempo se agotó con el
sonido de su bocina.

La meditación no solo lo afecta a usted, también impacta a todas las personas a su alrededor

Cuando está en paz, irradia una clase de energía diferente que cuando está estresado o deprimido. Mientras más pacífico se vuelva, más fácil puede desviar las energías negativas de aquellos a quienes confronta. Es como tener un escudo invisible a su alrededor al que nada puede penetrar, a menos que sea una energía espiritual más elevada que la de su escudo. Una corriente hostil es recibida con una sonrisa y con la sabiduría interna de que eso no es asunto suyo. Una persona que intente atraerlo a su propia desgracia, no puede lograrlo sin su permiso. La práctica diaria de la meditación lo mantiene inmune.

No solamente logra desviar la negatividad de las personas que lo rodean, sino que además su sentimiento de paz ayudará a armonizar a los demás con su paz. Se han realizado pruebas científicas para medir los niveles de serotonina (un neurotransmisor en su cerebro que indica qué tanta paz y armonía siente) en aquellas personas cercanas a un grupo grande de gente meditando. Sorprendentemente, tan solo por estar en el campo de energía de aquellos que meditan, se elevan los niveles de serotonina de los observadores. Las implicaciones de esto son asombrosas. Mientras mayor paz logre alcanzar a través de la meditación, mayor será su impacto en los que lo rodean por medio de su estado.

He descubierto que cuando medito, no solo me calmo, sino que además tiene un efecto calmante en mi familia y en las personas que me rodean. Pero el beneficio primario, es que después de una meditación, es casi imposible sentirme molesto o negativo hacia alguien. Es como si la meditación me pusiera en contacto con una fuente de energía calmante que hace que me sienta conectado profundamente con Dios.

Hacer contacto consciente con Dios

La mayoría de las religiones estructuradas se han puesto en la tarea de explicar a Dios a sus congregaciones, incluyendo todas las normas que supuestamente Dios ha establecido para la humanidad. Uno no puede llegar a conocer a Dios a través de las experiencias o el testimonio de los demás. Es algo que debe realizar uno personalmente. Le pido que medite porque eso le traerá más paz, le quitará el estrés, le mejorará su ambiente y desviará la negatividad. Todo esto y mucho más se manifestará en su vida cuando comience a meditar con regularidad. Incluyo acoger el silencio como uno de mis secretos más importantes para conseguir la paz interna y el éxito, porque es el único vehículo que conozco para hacer contacto consciente con Dios.

Dios es indivisible. Solo hay una presencia omnipresente llamada Dios. Esta presencia está en todas partes y es una fuerza que crea y mantiene la vida. No puede dividirse o cortarse en pedazos. Solo hay un poder en el universo, no hay dos. Sin embargo, toda su experiencia como ser humano parece formar parte de una dualidad. *Arriba* existe por que existe su opuesto, *abajo*. La *luz* existe porque hay *oscuridad*; lo *correcto* existe porque existe lo *equivocado*. Nunca ha visto una persona con *frente* que no tenga *espalda*; una parte *externa* que no tenga parte *interna*, un polo *norte* de un imán sin polo *sur*. Nuestro mundo físico es un mundo de dicotomías y combinaciones de opuestos, siempre divisible.

Sin embargo, el silencio es la única experiencia que puede tener que es indivisible. Cuando el silencio se corta por la mitad, solo se obtiene más silencio. Solo hay un silencio. Por

lo tanto, el silencio es una manera de experimentar la unidad y la indivisibilidad de Dios. Esa es la razón primordial de la meditación. Esa es la manera de reconocer a Dios en vez de tener que conformarse con saber acerca de Dios.

Conocerá sus respuestas en el silencio. Recuerde: Todo ha sido creado del vacío, de la vacuidad. Cuando escribe una nota musical, el silencio del cual proviene, es tanto parte de la nota como lo es del sonido. De igual forma se sana algo o se sana una relación. Usted se inspira al entrar en la quietud del silencio y escuchar. No puedo ni imaginar dictar una conferencia o escribir, sin acudir primero a Dios en silencio. Busco tiempo y espacio en soledad para permitir que emerja mi inspiración.

La naturaleza como terapia

En cualquier momento de su vida que se sienta desanimado por cualquier razón, vaya a la naturaleza y encuentre su paz. Enviar adolescentes con problemas en medio de la naturaleza para que se ocupen de animales y convivan con ella, casi siempre los ayuda a encontrar paz y serenidad. La drogadicción desaparece cuando los jóvenes se atreven a escalar una montaña o a atravesar un lago en canoa. Las personas que han sido diagnosticadas con enfermedades terminales, a menudo descubren que al pasar meses en una cabaña aislados en la naturaleza, meditando y en comunión con Dios, es exactamente la terapia que necesitaban y con frecuencia es la fuente de curaciones espontáneas.

Si alguna vez ha sufrido de insomnio, camine descalzo sobre la hierba durante diez minutos antes de ir a la cama. La naturaleza tiene métodos maravillosos para sanar muchas enfermedades. Trate de pasar un día en un lugar aislado, escuchando solamente los sonidos de la naturaleza, los pájaros, los insectos, el sonido

de las hojas secas, el viento. Estos son los sonidos de sanación que pueden desviar los desagradables sonidos de camiones, mezcladoras de cemento, equipos de sonido y similares.

Ofrézcase la oportunidad de estar en medio de la naturaleza como una parte de su rutina. Reserve un día o dos a la semana o al mes para estar en soledad y comulgar con Dios. Esta es la terapia más maravillosa del mundo y es mucho menos costosa que pagar a alguien para que lo escuche.

Mantenga en privado su comunión silenciosa con Dios

Todo lo que desea manifestar emerge del Espíritu, desde el silencio. Usted no usa su ego para manifestarlo. De hecho, el ego puede inhibir el proceso creativo. Es por esta razón, que le pido que no divulgue sus asuntos privados, lo que desea crear. Tal como San Pablo decía: "Lo que se ve, no ha venido de donde parece". Cuando habla sobre lo que desea manifestar y les cuenta sus ideas a los demás, a menudo siente la necesidad de explicarse y defenderse. Lo que sucede es que el ego ha entrado en acción. Una vez que el ego está presente, se detiene la manifestación.

La manifestación ocurre en el silencio, entonces mantenga, tan a menudo como le sea posible, sus milagros potenciales en el apreciado silencio al que usted se acoge. Puede confiar y regocijarse en la serenidad y la paz interna que el silencio y la meditación siempre brindan.

El quinto secreto

Florence Farr me dijo una vez: "Si pudiéramos decirnos con sinceridad: "El momento que está ocurriendo es tan bueno como cualquier otro que haya conocido," podríamos morir en ese instante y unirnos a Dios".
— William Butler Yeats

Aquí yace mi pasado
Le di un beso de despedida
Gracias muchachos,
No lo habría echado de menos.
— Ogden Nash

Renuncie a su historia personal

El quinto secreto

Renuncie a su historia personal

Cuando un bote de carreras viaja raudo sobre la superficie del agua, deja una espuma blanca detrás llamada la *estela* del bote. La estela es tan solo el rastro que deja a su paso. La respuesta a la pregunta: ¿Qué impulsa el bote?, es que el bote se mueve debido a la energía del momento generada por el motor. Esa es la razón por la cual el bote se mueve a través del agua. ¿Cree que es posible que la estela conduzca el bote? ¿Cree que el rastro que deja hace que el bote avance? Estas son preguntas retóricas cuyas respuestas son obvias. Estoy seguro de que está de acuerdo conmigo en que la estela es tan solo el rastro que deja a su paso y que no es lo que impulsa el bote.

Le sugiero que aplique esta misma idea en su vida. La estela de su vida es tan solo el rastro que deja a su paso. Pensando de esta manera, es absolutamente imposible que la estela lo impulse. La estela no es responsable de ninguna manera lógica, por lo que experimenta o deja de experimentar hoy. La estela es tan solo lo que es y nada más, un rastro que usted deja a su paso. Pero, ¿realmente lo ha dejado?

Víctima de su historia personal

Por más de un cuarto de siglo ya, he trabajado con personas para ayudarlas a acceder a niveles más elevados de conciencia. Según mi experiencia, pienso que la mayoría de las personas viven su vida en la estela, aferrándose a sus historias personales para justificar sus conductas derrotistas y las carencias en sus vidas. Se aferran a dolores, abusos y fallas pasadas, como una especie de tarjeta personal que anuncia su condición de "pobre de mí" a cualquier persona que encuentren en su camino, a tan solo minutos de haberse presentado. "Me abandonaron cuando era un niño", "Soy un alcohólico", "Soy un sobreviviente del incesto", "Mis padres se divorciaron y nunca logré superarlo." Esta lista podría seguir por cientos de páginas.

¡Su pasado se acabó! Al aferrarse a él, no solo se asegura que se quedará inmovilizado hoy, sino que además impide su propia sanación. Al referirse al sufrimiento del pasado y usarlo como una de las razones para no lograr progresar en su vida, está haciendo lo equivalente a atribuirle a la estela la habilidad de conducir el bote. También funciona al contrario.

Muchas personas se refieren a su pasado como a un tiempo glorioso que no volverá, y esa es la razón por la cual no pueden ser felices ni sentirse realizados hoy en día. "Todo el mundo ha cambiado," "Nadie respeta a nadie como solían hacerlo antes," "El dinero tenía más valor, ahora todo cuesta demasiado," "La gente no quiere ayudar hoy en día como solían hacerlo antes," "Cuando éramos niños, respetábamos la autoridad, los niños de hoy en día pasan por encima de sus padres." Esto también es vivir en la estela y asignarle responsabilidades al pasado porque no puede tener éxito o ser feliz en la actualidad.

Salir de la estela

Imagínese un lápiz con la habilidad de escribir solamente su historia pasada. No tiene otro uso. Todo su pasado está en ese lápiz. ¿Piensa conservarlo? ¿Para qué lo haría?

¿Piensa renunciar a él? Quizás Omar Khayyám lo logra inspirar con su poema:

El dedo se mueve para escribir y tras escribir,
sigue adelante.
Ni toda tu devoción, ni todo tu ingenio,
pueden logran que retroceda y cancele
tan solo media línea.
Ni todas tus lágrimas pueden borrar una sola
palabra de lo escrito.

Puede pasar la noche entera llorando por lo que ese lápiz ha escrito, por todo lo que contiene su historia, y lo mucho que desearía borrarla, o traerla de nuevo, pero ni todas sus lágrimas pueden borrar una sola palabra de su pasado, tal como el poeta y filósofo nos lo recuerda.

Usted desea renunciar a su historia personal simbolizada por ese lápiz, pero cuando se aleja de ella, no importa lo lejos que vaya, mira hacia atrás y ahí está. Está listo para librarse de su historia personal y vivir con plenitud el presente. Pero el lápiz está siempre ahí cuando mira hacia atrás. Le sugiero que recoja el lápiz y con compasión, permita que las palabras, las heridas y el dolor del pasado, se escriban, se acojan, se examinen, entiendan, acepten y amen por todo lo que ha aprendido y experimentado. El puro acto de recogerlos y acogerlos, le proporcionará la fuerza para transformar el pasado en una canción, en un poema, en una pintura o en ritual, si eso lo atrae, o quizás tirarlo lejos a su propio estilo.

Acoger su historia personal

En un universo que es un sistema inteligente con una fuerza creativa divina que lo apoya, sencillamente no puede haber accidentes. Por muy duro que sea reconocerlo, usted tuvo que pasar por lo que tuvo que pasar para estar donde está hoy en día, y la evidencia es que así lo hizo. Cada progreso espiritual que logre en su vida, es muy probable que haya sido precedido por algún tipo de fracaso o desastre aparente. Esos momentos duros, accidentes, episodios difíciles, periodos de escasez, enfermedades, abusos, sueños destrozados, todo sucedió porque así estaba dispuesto. Sucedieron, para que pudiese asumir que *tenían que suceder* y que a este nivel es imposible *evitar que hubieran* sucedido.

Acójalos desde esa perspectiva, con ayuda si la necesita, y luego entiéndalos, acéptelos, hónrelos y finalmente retírelos y/o transfórmelos a su propia manera. (Conozco a alguien que los clasifica por temas.) Libérese para que pueda sumergirse en este momento, el *ahora* que llamamos *presente*, porque es eso simplemente, un presente para abrir, apreciar, nutrir, jugar, disfrutar y explorar.

Lo único que tenemos es el ahora

La voluntad y la habilidad de vivir plenamente en el ahora evade a muchas personas. Mientras esté degustando la entrada de su cena, no se preocupe por el postre. Cuando esté leyendo un libro, advierta en donde están sus pensamientos. Mientras esté de vacaciones, disfrute el momento en vez de pensar en lo que debería estar haciendo o en lo que tiene que hacer cuando regrese a casa. No permita que el presente fugaz se agote con pensamientos que no pertenecen a ese momento ni a ese lugar.

Es irónico ese hábito de divagar con su mente hacia otros lugares y a otros momentos. Solo puede divagar en el ahora, porque el ahora es todo lo que llegará a tener. Dejarse llevar por sus pensamientos es una forma de malgastar sus momentos presentes. Claro que usted tiene un pasado, ¡pero no ahora! Y claro que tiene un futuro, ¡pero no ahora! Y puede consumir su momento actual con pensamientos de "entonces" y "quizás", pero eso le impedirá obtener la paz interna y el éxito que podría estar experimentando.

Es muy poco probable que el resto de las criaturas del universo malgaste su tiempo teniendo pensamientos sobre el pasado o sobre el futuro. Un castor tan solo actúa como un castor, y lo hace en el momento. No pierde su tiempo deseando ser de nuevo un cachorro o dándole vueltas al hecho de que sus hermanos castores reciben mayor atención de sus padres, o que cuando era joven, su papá castor dejó el hogar por una hembra castor más joven. El castor vive siempre en el ahora. Podemos aprender mucho de las criaturas de Dios disfrutando el momento presente en vez de malgastarlo, al consumirnos con culpas del pasado o por preocupaciones por el futuro. Practique vivir en el momento, y no se permita que ningún pensamiento basado en su pasado lo defina.

Deténgase y advierta todo lo que se encuentra a su alrededor, las personas, las criaturas, la vegetación, las nubes, los diseños de los edificios, todo. Permanezca en el presente meditando y acercándose a su máximo momento presente... Dios.

Dios está solamente aquí ahora

Piense en lo siguiente: Dios no va a estar haciendo nada distinto en una hora de lo que ya está haciendo ahora. Y Dios no está haciendo nada distinto ahora a lo que estaba haciendo hace miles de años. La verdad es que uno solo puede llegar a conocer a Dios si está dispuesto a estar en paz en el momento presente.

En el cuarto secreto, hablamos sobre cómo la meditación es una forma de hacer contacto consciente con Dios. Ahora, me gustaría hacerlo partícipe de un secreto sublime que aprendí de uno de los maestros que más han influenciado mi vida. *Solo podrá llegar a conocer verdaderamente a Dios, cuando renuncie al pasado y al futuro en su mente y se sumerja por completo en el ahora, porque ahí es donde siempre está Dios.*

Muy pocas personas entienden y viven este principio, en gran parte debido a su condicionamiento y a su renuncia a entrenar sus mentes para vivir en el momento presente. Esa es una de las razones por las cuales digo algunas veces que "nunca hay demasiada gente cuando caminamos un kilómetro más que los demás". En ese kilómetro se convierte en una forma de vida el optar por la paz interior y atraer el éxito en su vida mientras vive en el presente. Puede comenzar por liberar a su historia personal de su repertorio de excusas para no vivir en paz.

Dejar la dependencia de su historia personal

Haga un esfuerzo por quitar todas las etiquetas que se haya colocado a sí mismo. Las etiquetas sirven para negarlo. Usted termina por tener que vivir asumiendo esa etiqueta, en vez de ser ese espíritu ilimitado que es su verdadera esencia. Usted no es un estadounidense, un italiano o un africano. Es un miembro de una raza, la raza humana. Usted no es macho o hembra, demócrata o republicano. Es uno con la verdadera unidad, Dios. Usted no es un atleta ni un mago, un matemático ni un literato, ni ninguna otra etiqueta. Trascender etiquetas, en particular aquellas que le han sido colocadas por otros en su pasado, le abre la oportunidad de deleitarse en el ahora de la forma que le gustaría. Puede ser todo lo que desea en cualquier momento presente de su vida.

Le recomiendo que encuentre una forma de transformar su historia personal y recordarse al hacerlo que está transformando todas y cada una de las creencias que ha usado como etiquetas o indicadores de sus limitaciones. Reemplace todo eso con la certeza de que no es lo ha hecho, lo que ha sido, lo que los demás le han enseñado, o lo que le han hecho. Usted es un ser amado, conectado siempre a su fuente, y por lo tanto conectado al poder ilimitado de los bienamados.

Su historia pasada y todos sus sufrimientos ya no existen ahora en su realidad física. No les permita que estén aquí en su mente, enturbiando sus momentos presentes. Su vida es como una obra de teatro con varios actos. Algunos de los caracteres que han participado en ella han tenido papeles cortos, otros, mucho más largos. Algunos han sido villanos y otros han sido los buenos de la película. Pero todos son necesarios, de otra forma, no estarían en la obra. Acójalos a todos, y prosiga al siguiente acto.

El sexto secreto

Cualquier sendero es tan solo un sendero, y no representa una afrenta personal para ti o para los demás el abandonarlo, si eso es lo que tu corazón te señala...

— Carlos Castaneda

Cualquiera puede equivocarse, pero solo los idiotas persisten en su error.

— Cicero

No se puede resolver un problema con la misma mentalidad que lo creó

El sexto secreto

No se puede resolver un problema con la misma mentalidad que lo creó

Todos los problemas tienen una solución espiritual. Uno de los pasajes más intrigantes de *Un curso en milagros* sugiere que usted no tiene un problema, tan solo cree tenerlo. Las palabras iniciales de la Torá, así como el Génesis de la Biblia, dicen: "Al principio creó Dios los cielos y la Tierra", y luego: "Y Dios vio que todo lo que había creado era bueno." Si usted interpreta esas palabras literalmente, queda bastante claro que es imposible que existan los problemas. Si Dios lo creó todo y todo lo que Dios creó era bueno, el mal no existe. "Pero", dice usted, "las enfermedades, la falta de armonía, el desespero y todos los demás males, parecen existir y proliferar en nuestro mundo."

Cuando nos sentimos separados de nuestro centro sagrado, es fácil creer tan fuertemente en la separación, que podemos explicar cualquier desagrado como un problema. En el mundo del Espíritu, o en el mundo de Dios, los problemas sencillamente no existen ni son reales. Cuando su conexión espiritual es débil, usted se aleja del mundo del Espíritu, y los problemas provienen de su creencia en la separación. Su mente crea la ilusión de la separación, y su cuerpo se enferma influenciado por los pensamientos de su ego. Nuestras sociedades son creadas por nuestros pensamientos colectivos. Estos asumen la misma separación o enfermedad, y luego obtenemos lo que llamamos *problemas sociales*. Todos estos así llamados problemas, representan una deficiencia espiritual que puede ser remediada con soluciones espirituales. Piense en ello de la siguiente forma: Si cambia su manera *de pensar*, su problema se resolverá. (He escrito un libro que trata este tema a cabalidad llamado *La fuerza del espíritu. Hay una solución espiritual para cada problema* [Harper Collins, 2001].)

Cómo cambiar su manera de pensar

¿Puede aceptar la idea de que creer que está separado de Dios es lo que crea la actitud que usted llama un problema? ¿Puede explorar esta idea de que lo que usted llama problemas son simplemente ilusiones, o errores de su intelecto? Si Dios está en todas partes, no hay un sitio en donde Dios no esté, por lo tanto, Dios está con usted a toda hora. Usted puede creer lo contrario. Este es el sistema de creencias que crea lo que usted llama problemas. Si puede traer la verdad ante la presencia de estas ilusiones, estas se disolverán, al igual que usted sabe que tres más tres son seis, y que tres más tres no son diez. Al traer la verdad ante la presencia de este error matemático, simplemente se disuelve.

Así sucede también con todas sus creencias que crean "problemas" en su mente, se disuelven cuando atrae la energía más elevada de la verdad hacia ellos. San Francisco de Asís, en su famosa oración, nos ruega que cambiemos nuestros pensamientos a: "Donde haya odio, sea yo amor." La luz disuelve la oscuridad. El amor siempre anula el odio. El espíritu siempre cancela los problemas. Los problemas existen como creencias del ego en su mente, el cual es incapaz de conceptualizar la conciencia de su mente espiritual, al igual que la oscuridad no tiene el concepto de la luz.

Al reescribir verdaderamente su acuerdo con la realidad, puede cambiar sus pensamientos y alejar cualquier problema que se perciba como tal. Cambie su actitud hacia sí mismo y decídase a creer en su conexión con la energía más elevada de Dios, aun en la peor de las circunstancias. Proyecte todo lo que le parezca problemático hacia su ser superior, confiando en que ese "problema" no es lo que parece. Reescriba su contrato de lo que usted es y de lo que es capaz de lograr.

Su nuevo contrato con la realidad

Sus pensamientos son prácticamente la fuente de todo lo que sucede en su vida. Cada relación que tiene es algo que lleva consigo. Si su relación es mala, es porque piensa que lo es. La persona con la que tiene una relación no está con usted en este momento, o cuando está trabajando, o cuando está en el baño, pero sus pensamientos acerca de esa persona siempre están con usted. La única manera de experimentar a otra persona es por medio de sus pensamientos.

Usted no puede penetrar detrás de sus ojos y *convertirse* en esa persona. Solo puede procesarla por medio de sus pensamientos. Si busca lo que está equivocado en esa persona y almacena esa imagen negativa en su mente, ahí es donde existe su relación. Si cambia sus pensamientos a lo que ama de esa persona en vez de lo que considera erróneo, habrá cambiado la relación. ¡Pasó de ser una relación mala a una excelente relación, al cambiar sus pensamientos!

Intente recordar siempre, que usted lleva cada relación en su cabeza. Robert Frost nos recuerda: "Amas las cosas que amas por lo que son." Cuando olvida esto y procesa a los demás con base en lo que *piensa* que deberían ser, o en lo que *solían ser*, o los compara con lo que *usted es*, está alejando el amor, y en su mente, la relación ha sucumbido. Usted experimenta *todas las cosas* y *todas las personas* en sus pensamientos. Cambie sus pensamientos y, al mismo tiempo, lo que lleva en su mente como problemas.

El mundo es tal como es. La economía es tal como debería ser. Las personas que actúan "mal" en el mundo, están haciendo lo que se supone que hagan. Usted puede procesarlo de la manera que decida. Si se llena de rabia por todos esos "problemas", se convierte en una persona más que contribuye a la polución de ira.

Su deseo de hacer algo en relación con esas bajas energías, lo motivará para ser más amoroso, más sentimental y más pacífico. Y al hacer esto, puede influenciar en aquellos que están más alejados de Dios para que regresen a su fuente. Este nuevo acuerdo consigo mismo, de estar siempre conectado al Espíritu aun cuando parezca la cosa más difícil de lograr, le permitirá que prolifere el máximo grado de perfecta armonía para el cual su cuerpo fue diseñado. Entréguele las "enfermedades" a Dios y ejercite su cuerpo con regularidad, aliméntese bien, tome grandes cantidades de agua pura y descanse a plenitud para permitir que funcione como un envase en donde el espíritu fluye libremente.

Su nuevo contrato con la realidad, en el cual ha imbuido su ser físico y su personalidad con el Dios espiritual conectado a su ser, comenzará a irradiar una energía elevada de amor y luz. A donde quiera que vaya, los demás experimentarán el brillo de su conciencia divina, y la falta de armonía y toda suerte de problemas simplemente no podrán aflorar en su presencia. Conviértase en "un instrumento de paz", tal como San Francisco de Asís lo dice en la primera estrofa de su famosa oración. Escale en la conciencia humana desde lo más bajo hacia lo más elevado. Conviértase en un ser místico, tan solo cambiando sus pensamientos, de un ser que experimenta y crea problemas, a uno que los resuelve.

Los tres niveles de conciencia

A través de su vida, puede medir los tres siguientes niveles de conciencia. Muy pocas personas o ninguna, permanecen en un solo nivel todo el tiempo. Estos niveles de conciencia se presentan aquí desde el más bajo hasta el más alto.

1. **El primer nivel es la conciencia del ego.** En la conciencia del ego, su énfasis primordial radica en su personalidad y en su cuerpo. La creencia de que está separado de los demás, de todo lo que desea atraer en su vida y de Dios, es excepcionalmente firme. Esta actitud lo coloca en un estado de competitividad, como si tuviera que llegar primero para lograr alcanzar su porción en la vida. Ganar y ser el número uno parecen ser las cosas más importantes que puede hacer cuando se vive en el

nivel de la conciencia del ego. Pasa mucho tiempo midiendo su éxito según la forma en como se compara con los demás.

Si posee más que los demás, se siente mejor consigo mismo. Tener más dinero lo hace sentir mejor. Acumular más reconocimientos y prestigio, y escalar cada más la escala corporativa lo anima a sentirse mejor consigo mismo. La conciencia del ego lo estimula a competir, comparar y concluir que usted es el mejor, así se concentra en correr más rápido y lucir mejor que los demás. Los problemas existen en este nivel de conciencia del ego. Aquí es donde la paz interna es virtualmente imposible y el éxito lo evade, porque siempre se la pasa luchando por estar en otro lugar.

Para lograr caminar ese kilómetro extra con comodidad, debe domar ese exigente e insaciable ego. Los sentimientos de desesperación, ira, odio, amargura, estrés y depresión derivan de la ansiedad y la insistencia del ego, de vivir según sus estándares externos. El resultado es angustia, al no lograr dar la medida o adaptarse apropiadamente. Su ego no le permitirá casi nunca descansar, y le pedirá cada vez más, porque tiene terror de que lo llamen un fracasado. Cuando logra superar su ego, y logra que su ser superior sea la fuerza dominante en su vida, comienza a sentir la dicha y el brillo interno de la paz y el éxito propios de quienes avanzan ese kilómetro de más.

2. El segundo nivel es la conciencia del grupo. La conciencia del grupo es similar a la conciencia del ego, con la excepción de que usted ya no es el enfoque central de su vida, y ahora incluye a los demás miembros de su tribu o de su clan. Suprime su ego individual para unirse a grandes organizaciones, el ego del grupo. Su membresía está basada en su familia, su herencia, sus antecedentes raciales, su religión, su idioma, su partido político y similares. Se le requiere que piense y actúe según el grupo al cual ha sido asignado. Va a la guerra en nombre del patriotismo, para matar a otros que han sido condicionados a hacer lo mismo. Se identifica como una persona de una etnia en particular, con etiquetas tales como italiano, chino o áfrico americano.

En el nivel de conciencia del grupo, a menudo se dedica a la continuación de problemas sociales tales como guerra, brutalidad, persecución religiosa, la cual se origina en ene-

mistades ancestrales que han existido por miles de años. Pero también se aplica en la vida diaria. Las familias insisten en que usted adopte sus mismos puntos de vista, odie a quienes ellos odian y ame a quienes ellos aman. Siente lealtad ciega hacia una compañía que fabrica armas de destrucción, un concepto al cual se opondría normalmente, pero lo hace de todas maneras, "porque es mi trabajo". Algunos policías y soldados convierten en víctimas a sus semejantes comportándose peor que los mismos criminales o los llamados por ellos enemigos, y a los cuales tanto aborrecen. Nuestra falta de humanidad para con nuestros semejantes, es a menudo justificada en base a la mentalidad de la conciencia grupal. Los miembros de pandillas o de sociedades se comportan en forma horrenda, incitados por la mentalidad grupal o del clan. En breve, lo que el grupo dicta se convierte en su tarjeta de identificación como ser humano.

Recuerde que no puede resolver un problema con la misma mentalidad que lo creó. Para poder resolver un conflicto que sea el resultado de una conciencia grupal, tiene que cambiar su manera de pensar, o seguirá teniendo el mismo problema que lo acosa. Para resolver problemas relacionados con la conciencia grupal, es necesario moverse hacia el nivel más elevado.

3. El tercer nivel es la conciencia mística. Este nivel de conciencia libre de problemas, se distingue por la sensación de conexión, en vez de separación. En el nivel de la conciencia mística, usted se siente conectado a cada individuo, criatura, al planeta entero y a Dios.

Sentirse conectado, significa que siente verdaderamente que todos somos uno, y que cualquier daño dirigido a los demás está siendo dirigido hacia nosotros mismos. En este nivel, la

cooperación reemplaza a la competencia, el odio
se disuelve con el amor, y la tristeza es reducida
a la nada con la alegría. En este nivel, usted es un
miembro de la raza humana, y no de un sub-
grupo. Ahora, usted es una nación del mundo
con conciencia global, en vez de un patriota de
un determinado país. En la conciencia mística,
no se siente separado de nadie, de nada, ni de
Dios. Usted no será lo que *tiene*, lo que ha *logrado*, ni lo que los demás *piensan* de usted. Será
amado y ¡habrá cambiado su manera de pensar!
Los problemas serán tan solo ilusiones de la
mente, los cuales no llevará consigo.

Tal como lo decía el gran humanista
Mahatma Gandhi: "El hombre se engrandece,
exactamente en la misma medida en que trabaja para el bienestar de sus semejantes." Este
es el nivel de la conciencia mística o divina. Es
ahí en donde vive una existencia libre de problemas, al cambiar sus pensamientos de la con-

ciencia del ego y la conciencia grupal, hacia el nivel más elevado del misticismo. Ahí, entiende verdaderamente lo que Thoreau quiso decir cuando expresó: "El único remedio para el amor, es amar más."

El séptimo secreto

*La felicidad depende de la calidad de
nuestros pensamientos . . . Cuida de no
albergar ideas indeseables para la virtud
y la naturaleza razonable.*

— Marcus Aurelius

*Dios no nos pide que
realicemos grandes
obras, solo pequeñas
obras con gran amor.*

— Mother Teresa

No hay justificación para el resentimiento

El séptimo secreto

No hay justificación para el resentimiento

Uno escucha todo el tiempo decir a las personas. "Tengo el derecho de sentirme molesto por la forma en que he sido tratado." Tengo derecho a estar enojado, herido, deprimido, triste y resentido." Aprender a evitar este tipo de razonamientos, es uno de mis máximos secretos para tener una vida de paz interna, éxito y felicidad. En cualquier momento en que se sienta lleno de resentimiento, está entregándoles el control de su vida emocional a los demás, para que lo manipulen.

Descubrí cuán poderosa es esta lección hace muchos años, mientras me encontraba en una reunión con doce personas que pertenecían a un grupo para la recuperación de la adicción a alcohol y a las drogas. Las doce personas estaban acostumbradas a culpar a los demás por su debilidad, usando cualquier excusa como la razón por la cual regresaban a sus hábitos adictivos. En un afiche que colgaba en las paredes de la habitación, estaban escritas estas palabras: En este grupo, no hay justificación para el resentimiento.

Sin importar lo que cualquier persona le dijera a otro miembro del grupo, sin importar que tan antagónicas o desagradables fueran las acusaciones, se le recordaba a cada persona que no había justificación para el resentimiento. Es necesario considerar hacia quién es el resentimiento, antes de poder tomar la decisión de si es útil o no para usted. El resentimiento le ofrece una excusa para regresar a sus viejos hábitos. ¡Eso fue lo que lo incitó a hacerlos en primer lugar!

Por qué existe el resentimiento

Es posible que conozca un programa televisivo llamado ¿Quién quiere ser un millonario? Si el concursante contesta 15 respuestas de selección múltiple, gana un millón de dólares. Comenzando con una pregunta de cien dólares, la persona en la "silla caliente" responde cinco preguntas hasta llegar al nivel de los mil dólares. En este momento, la persona tiene la garantía de que puede terminar el juego con algo de dinero. Luego se incrementa la dificultad de las preguntas. Si el concursante logra ganar treinta y dos mil dólares, de nuevo tiene la garantía de salir del juego con esa cantidad. Es decir que hay dos niveles cruciales a los cuales hay que llegar. El nivel de los mil dólares, al cual se llega contestando cinco preguntas relativamente fáciles, y el nivel de los treinta y dos mil dólares, el cual envuelve cinco preguntas cada vez más difíciles.

He descrito los detalles de este programa de televisión, para presentarles la idea de los dos niveles a los cuales debe llegar, para tener la oportunidad de llegar al nivel de conciencia del "millón de dólares". En el nivel de mil dólares, usted aprende a dejar atrás la culpa en su vida. Si no lo hace, se va a casa sin nada.

Dejar la culpa, significa no asignarle jamás responsabilidad a nadie por lo que está viviendo. Significa que está dispuesto a decir: "Puede que no entienda *por qué* me siento de esta manera, por qué estoy enfermo, por qué he sido maltratado, o por qué he tenido este accidente, pero estoy dispuesto a decir sin culpa ni resentimiento, que soy el dueño de ese sentimiento. Vivo con él, y soy responsable por tenerlo en mi vida". ¿Por qué hay que hacer esto? Si usted asume la responsabilidad de sus sentimientos, entonces por lo menos tiene la oportunidad de asumir la responsabilidad de dejar de sentirlos o de aprender de ellos.

Si es responsable, aunque sea en una minúscula parte, (quizás desconocida) de esa migraña que lo acosa, o de ese sentimiento de depresión, entonces puede trabajar para quitárselo, o descubrir cuál es el mensaje que tiene para usted. Si, por otro lado, algo o alguien es el responsable en su mente, entonces por supuesto tiene que esperar a que *ellos* cambien para que *usted* se sienta mejor. Y es muy poco probable que eso ocurra. En el nivel de los mil dólares, la culpa tiene que partir. De lo contrario se irá a casa sin nada y será incapaz de participar en los niveles más elevados.

Tiene que estar dispuesto a pasar una nueva prueba, en el segundo nivel crítico de la pregunta de los treinta y dos mil dólares, la cual es el obstáculo final antes de avanzar al dominio más noble de la realización personal, el nivel espiritual del millón de dólares. En este nivel, debe estar dispuesto a enviar energías más elevadas y más rápidas de amor, paz, alegría, perdón y bondad, como respuesta a todo lo que se le presente en su vida. Este es el comienzo de ese kilómetro extra, en donde hay poca gente y en donde usted tan solo tiene amor para dar.

Alguien dice algo que usted encuentra ofensivo, y en lugar de optar por el resentimiento, es capaz de despersonalizar lo que acaba de escuchar y responder con bondad. Usted decide ser bondadoso en vez de estar en lo correcto. No siente la necesidad de atacar a nadie o vengarse cuando ha sido atacado. Hágalo por usted. Hay un proverbio chino que dice: "Si vas a perseguir la venganza, empieza por cavar *dos* tumbas". Sus resentimientos lo destruirán. Son energías bajas. Y a lo largo del camino de ese kilómetro extra, tan solo encontrará personas que han comprendido este concepto por completo. Aquellos que no han logrado llegar a este nivel, se han quedado rezagados con la multitud que se salió del juego hace mucho tiempo ante una pregunta fácil, ¡y la mayoría todavía se está preguntando por qué todavía siguen yendo a casa con las manos vacías! Pero le puedo asegurar que siguen culpando a los demás por su vacío.

Ante todo, debe superar la culpa. Luego tiene que aprender a enviar amor a todo el mundo, en vez de ira y resentimiento. Se dice de un maestro iluminado que siempre respondía a los ataques de crítica, juicios y ridículo con amor, bondad y paz. Unos de sus discípulos, le preguntó cómo era posible que fuera tan bondadoso y pacífico ante tal sarta de injurias. Su respuesta fue esta pregunta: "Si alguien te ofrece un regalo, y tu decides no aceptar ese regalo, ¿a quién le pertenece ese regalo? La respuesta lo lleva a ese kilómetro extra. Pregúntese: "¿Por qué permitir, que algo que le pertenece a alguien, sea una fuente de resentimiento para mí? Tal como lo dice un conocido libro: "Lo que tu piensas de mí, no es asunto mío."

Deje de buscar ocasiones para sentirse ofendido

Cuando vive en o por debajo de los niveles ordinarios de conciencia, gasta gran parte de su tiempo y de su energía encontrando oportunidades para sentirse ofendido. Un informe noticioso, una depresión económica, la actitud descortés de un extraño, una equivocación, alguien que está maldiciendo, un estornudo, un nubarrón en el cielo, un cielo sin nubes, se aferra a cualquier cosa para encontrar una razón para sentirse ofendido. A lo largo de ese kilómetro extra, nunca encontrará a nadie que se involucre en tales absurdos.

Conviértase en una persona que rehúsa ofenderse por nadie, por nada o por ninguna circunstancia. Si sucede algo que usted no aprueba, haga constar lo que siente en su corazón, y si es posible, haga lo que pueda para eliminarlo y luego olvídelo. La mayoría de las personas funcionan desde el ego y tienen la necesidad de tener la razón. Entonces, cuando encuentre a alguien que le dice cosas que le parecen inapropiadas, o cuando sabe que están equivocadas, equivocadas, equivocadas, olvídese de su necesidad de tener la razón y mas bien dígales: "¡Tienes toda la razón! Estas palabras terminan cualquier conflicto posible y lo liberan de sentirse ofendido. Su deseo es estar en paz, no tener la razón, sentirse herido, enojado o resentido. Si tiene suficiente fe en sus propias creencias, encontrará que es imposible ofenderse por las creencias y la conducta de los demás.

No ofenderse es una manera de decir: "Poseo el control de mis sentimientos, y decido estar en paz, independientemente de lo que suceda." Cuando se ofende, está juzgando. Está juzgando a alguien, pensando que es estúpido, insensible, descortés, arrogante, inconsiderado, o tonto, y entonces se molesta y se ofende por su conducta. Lo que talvez no se da cuenta, es que cuando juzga a alguien, no lo está definiendo. Se define a sí mismo, como alguien que necesita juzgar a los demás.

Así como nadie puede definirlo con sus juicios, tampoco usted tiene el privilegio de definir a los demás. Cuando deje de juzgar y se convierta tan solo en un observador, entenderá de qué se trata la paz interior de la escribo en este libro. Con ese sentimiento de paz interna, se libera de la energía negativa del resentimiento y es capaz de llevar una vida alegre y feliz. Un beneficio adicional, es que se dará cuenta de que los demás se sienten mucho más atraídos hacia usted. Una persona pacífica atrae energía de paz. No podrá conocer a Dios hasta que viva en paz, porque Dios *es* paz.

Sus resentimientos, sacan literalmente a Dios de su vida, mientras está ocupado sintiéndose ofendido. No ofenderse, eliminará todas las variables de la siguiente frase, de su repertorio de pensamientos disponibles: "Si tan solo te parecieras más a mí, entonces no tendría que sentirme molesto ahora mismo." Usted es como es e igual sucede con todos las personas a su alrededor. Lo más probable, es que nunca serán como usted. Entonces, deje de esperar que aquellas personas que son distintas a usted, sean lo que cree que deben ser. Eso nunca sucederá.

Es su ego que le pide que el mundo y que todas las personas en él, sean como usted piensa que deben ser. Su ser superior sagrado se rehúsa a ser otra cosa más que paz, y ve el mundo como es, no como su ego desearía que fuera. Cuando responde con odio al odio que le dirigen, se convierte en parte del problema, el cual es odio, en vez de convertirse en parte de la solución, la cual es amor. El amor no resiente y está siempre listo para perdonar. El amor y el perdón lo inspirarán a trabajar *por* lo que usted desea, en vez de por lo que está en contra. Si está en contra de la violencia y el odio, luchará con su propio estilo de violencia y de odio. Si *desea* el amor y la paz, traerá esas energías a la presencia de la violencia y terminará por disolverla. Cuando le preguntaron a la Madre Teresa si asistiría a una marcha en contra de la guerra de Vietnam, contestó: "No, pero cuando realicen una marcha por la paz, ahí estaré."

Una última nota acerca del perdón y el resentimiento

En las raíces de prácticamente cualquier práctica espiritual, está la noción del perdón. Eso fue lo que demostró Jesús de Nazaret, cuando estaba siendo torturado en la cruz por un soldado romano que le clavaba una lanza en su cuerpo. Posiblemente, esa es la mejor cura para alejar por completo de su vida las bajas energías del resentimiento y la venganza.

Piense en todas las personas que alguna vez lo han herido, traicionado, defraudado o que le han dicho algo cruel. La manera en que experimenta a estas personas, es tan solo un pensamiento que usted carga. Estos pensamientos de resentimiento, ira y odio, representan energías bajas y debilitadoras que lo despojan de su poder. Si logra soltarlas, conocerá la paz.

El perdón sirve para dos cosas. Una es para hacerle saber a los demás, que usted ya no desea estar en un estado de hostilidad con esa persona, y la otra es para liberarse de esa energía auto-derrotista del resentimiento. El resentimiento es como un veneno que continúa drenando su sistema, envenenándolo, mucho tiempo después de haber sido mordido por la serpiente. No es la mordedura que lo mata, es el veneno. Usted puede sacar el veneno, tomando la decisión de dejar los resentimientos. Envíele amor de alguna forma a aquellos que lo han herido y advierta lo bien que se siente, toda la paz que siente. Fue un acto de profundo perdón hacia mi padre, a quien jamás vi ni hablé, lo que hizo que mi vida diera un giro total, desde la conciencia ordinaria, hacia la conciencia elevada, hacia el progreso y el éxito más allá de lo jamás siquiera atreví imaginar.

Así es entonces, no hay justificación para los resentimientos, si desea caminar ese kilómetro extra y disfrutar de la paz y el éxito en cada paso del sendero.

El octavo secreto

Para que el hombre sea feliz, es
necesario que sea mentalmente
fiel a sí mismo.

— Thomas Paine

Trátese
como si
ya fuera
lo que
desea ser

Primero, di lo que
deseas ser, y luego haz
lo que tienes que hacer.

— Epictetus

El octavo secreto

Trátese como si ya fuera lo que desea ser

Sea lo que sea que vislumbre para usted, no importa que tan alto o imposible le pueda parecer ahora mismo, lo animo a que comience a actuar como si lo que desea convertirse ya fuera realidad. Esta es una magnífica manera de comenzar a poner en acción las fuerzas que colaborarán con usted para hacer sus sueños realidad. Para activar las fuerzas creativas que yacen dormidas en su vida, debe ir al mundo invisible, al mundo más allá de la forma. Ahí, es donde se crea lo que no existe en su mundo de la forma. Mírelo desde este punto de vista:

En el mundo de la forma, usted recibe *in-for-mación*. Cuando se mueve hacia el espíritu, recibe *ins-piración*. Es en este mundo de la inspiración, que será guiado al acceso de todo lo que desea tener en su vida.

Qué significa
inspirarse

Uno de los consejos más importantes que he leído en mi vida, fue escrito por un antiguo maestro llamado Patanjali hace más de dos mil años. Él le enseñaba a sus discípulos a inspirarse. Recuerde que la palabra *inspirar* se origina de las palabras *en* y *espíritu*. Patanjali sugería que la inspiración involucra una mente que trasciende todas las limitaciones, pensamientos que rompen todas sus ataduras, y una conciencia que se expande hacia todas las direcciones. Esa es la manera de inspirarse.

Piense en lo que desea ser o convertirse, artista, músico, programador de computadoras, o lo que sea. En sus pensamientos, comience a verse con el talento para realizar esas acciones. Sin dudas. Con tan solo certeza. Entonces, comience a actuar como si esas cosas ya fueran realidad. Como artista, visualícese pintando, visitando museos de arte, hablando con artistas famosos y sumérjase en el mundo del arte. En otras palabras, comience a *actuar* como un artista en todos los aspectos de su vida. De esta manera, está encarando su situación y tomando el mando de su propio destino, mientras cultiva su inspiración al mismo tiempo.

Mientras más se vea a sí mismo como lo

que desea convertirse, más inspirado estará. Las fuerzas dormidas descritas por Patanjali, se despiertan y descubre que es una persona mucho más grande de lo que jamás pensó llegar a ser. Imagínese ese escenario: Fuerzas dormidas que están muertas o que no existían, surgiendo a la vida y colaborando con usted, como resultado de su inspiración y de haber actuado como si ya fuera lo que desea.

Al tener el coraje de declararse a sí mismo como siendo lo que desea ser, prácticamente se obliga a actuar de una manera nueva, emocionante y espiritual. También puede aplicar este principio a otras áreas distintas a su vocación. Si está viviendo una vida de escasez, y no logra tener todas esas cosas tan bonitas que tienen muchas personas, talvez es hora de cambiar su manera de pensar y actuar como si ya tuviera lo que desea tener.

Visualice ese hermoso automóvil de sus

sueños y pegue su foto en la puerta de su dormitorio así como en el refrigerador. Y de paso, ¡péguelo también en la consola del automóvil que está conduciendo ahora! Visite una sala de exhibición de automóviles, siéntese en su carro y perciba ese aroma a automóvil nuevo. Toque sus asientos y agarre el volante. Camine alrededor de su carro, admire su diseño. Conduzca su automóvil para probarlo y visualice que es su dueño, que está inspirado por su belleza y que encontrará la forma de que sea parte de su vida. De alguna manera, por algún medio, ese es su automóvil. Coméntele a los demás el amor que siente por ese automóvil. Lea sobre el tema. Coloque una foto en la pantalla de su computadora, y déjelo ahí para verla cada vez que está cerca de ella.

Todo esto puede parecerle banal, pero cuando se inspira y actúa como si todo lo que desea ya fuera realidad, activa esas fuerzas dormidas, para que colaboren en la realización de sus sueños.

Extender la inspiración a todos los aspectos

Tratarse de la manera descrita con anterioridad, puede convertirse en un método habitual de vivir. Esto no tiene nada que ver con engaños, arrogancia o herir a los demás. Es un acuerdo silencioso entre usted y Dios, en el cual usted trabaja discretamente en armonía con las fuerzas del universo para hacer sus sueños una realidad. Esto involucra de su parte, que el éxito y la paz interna son sus derechos básicos, que es un hijo de Dios, y como tal, tiene derecho a una vida llena de alegría, amor y felicidad.

En sus relaciones con sus personas queridas, colegas y familia, actúe como si lo que deseara materializar en esas relaciones, ya hubiera sucedido. Si desea un sentimiento de armonía en su lugar de trabajo, mantenga una visión clara y una expectativa de esta armonía. Entonces, cuando comience su día, siéntase como si fueran las cinco de la tarde y el día hubiera culminado en paz, aunque apenas sean las siete y media de la mañana. Cada vez que tenga una confrontación, su visión de las cinco de la tarde salta a su mente, y actúa de manera pacífica y armoniosa, para no anular lo que sabe que va a suceder. Aun más, actúe hacia los demás, como si ellos también fuera capaces de llegar a lograr todo su potencial.

Este tipo de expectativas nos lleva a decir: "Estoy seguro de que terminarás todo tu trabajo esta tarde", en vez de decir: "Siempre estás retrasado en todo, y me gustaría que hicieras un esfuerzo". Cuando trata a los demás de esta manera, ellos también logran cumplir con el destino que les recuerda que está ahí esperándolos.

En su familia, especialmente con los niños, es importante tener en cuenta siempre este pequeño consejo: *Atrápelos haciendo bien las cosas*. Recuérdeles a menudo su inteligencia inherente, su capacidad de actuar con responsabilidad, sus talentos innatos y sus fantásticas habilidades. Trátelos como si ya fueran responsables, inteligentes, atractivos y honorables. "Eres fabuloso. Estoy seguro de que te irá estupendamente bien en tu entrevista." "Eres tan inteligente, sé que estudiarás y te irá bien en ese examen." "Siempre estás conectado con Dios, y Dios no produce enfermedades. Te vas a sentir mucho mejor mañana a esta hora."

Cuando actúa hacia sus hijos, padres, hermanos y aun con familiares lejanos, como si la relación fuera excelente y así va a permanecer, y les señala sus virtudes en vez de sus defectos, solo verá su grandeza. En su relación con su pareja, sea quien sea, asegúrese de aplicar este principio con la mayor frecuencia posible. Si las cosas no están funcionando bien, pregúntese: "¿Estoy tratando esta relación como es, o como me gustaría que fuera?" ¿Entonces cómo me gustaría que fuera? ¿Pacífica? ¿Armoniosa? ¿Grata para los dos? ¿Respetuosa? ¿Amorosa? Por supuesto que usted desea todo eso. Entonces antes de su próxima confrontación, véala de esa manera. Tenga expectativas que se enfoquen en las cualidades de paz interior y éxito.

Se descubrirá notando lo que ama de esa persona en vez de lo que le desagrada. También verá a esa persona respondiéndole con amor y armonía en vez de con amargura. Su habilidad de encararse y ver el resultado antes de que suceda le encausará a actuar de forma que atraiga esos resultados.

Esta estrategia de vida funciona en virtual-

mente todos los casos. Antes de dar una conferencia, siempre veo a la audiencia como personas amorosas y comprensivas y me veo
viviendo una experiencia maravillosa. Antes de
escribir, me veo sin bloqueos, inspirado y con
una guía espiritual disponible a toda hora. Tal
como nos lo recuerda *Un curso en milagros*; "Si
supieras quien camina siempre a tu lado, no
volverías a sentir miedo jamás." Esta es la esencia de la inspiración, así como la de ver el
futuro en términos de lo que desea ser, y luego
actuar exactamente de esa manera.

Sincronismo e inspiración

No hay coincidencias. Se dice que todo lo
que coincide encaja perfectamente. Usted se
mueve en el espíritu y se siente inspirado cuando está activando las fuerzas del universo para
que trabajen con usted. Como todo es guiado
por el espíritu, hay menos de un espacio entre

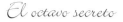

sus pensamientos y la manifestación del resultado de esos pensamientos que se materializan para usted. Al colocar más y más de su energía en lo que desea manifestar, comienza a ver materializarse sus intenciones.

Piensa en una persona en particular, y esa persona aparece "misteriosamente". Necesita un libro para sus estudios que es muy difícil de conseguir, y le llega "misteriosamente". Tiene en mente encontrar información sobre un lugar de vacaciones, y le llega por correo "misteriosamente". Todos estos llamados misterios, serán muy pronto percibidos por usted como parte del sincronismo de ese universo trabajando para usted y para sus pensamientos altamente energizados.

Debe aceptar la idea de que puede negociar la presencia de esas cosas manteniendo su campo de energía enfocado con amor en lo que desea crear apasionadamente. La ley de atracción es puesta en juego, y sus pensamientos se convierten literalmente en energías atractoras. Al principio, le parecerá asombroso y casi increíble. Al mantenerse en espíritu y actuar como si lo que desea ya estuviera ahí, le parecerá cada vez menos y menos desconcertante. Conectado siempre con Dios, usted es la fuerza divina que crea ese sincronismo en su vida diaria. Pronto se dará cuenta de que lo que piensa, se expande, y por lo tanto, se vuelve más consciente y cuidadoso de lo que piensa. El proceso de tratarse a sí mismo "como si" comienza con sus pensamientos, impacta su estado emocional y finalmente lo hace actuar.

De pensamientos a sentimientos a acciones, todos ellos actuarán de forma afirmativa cuando se sienta inspirado y se encare en forma consistente con lo que desea llegar a ser. Dígase que es un genio, un experto, que está en una atmósfera de abundancia, y mantenga esa visión de manera tan apasionada que lo único que pueda hacer al respecto es actuar para lograrlo. Al hacer esto, enviará la energía atractora que trabaja con usted, para que materialice sus acciones basadas en esas declaraciones estipuladas.

Trate a todos los que encuentre en su camino con esa misma intención. Celebre las mejores cualidades de los demás. Trate a todas las personas en esta forma "como si", y le garantizo que le responderán de acuerdo a su más elevadas expectativas. Todo está en sus manos. Ya sea que lo vea como posible o imposible, en los dos casos, tendrá la razón. Y verá la certeza de sus pensamientos manifestándose a donde quiera que vaya.

El noveno secreto

Solo hay dos formas de vivir tu vida. Una es como si nada fuera un milagro. La otra es como si todo fuera un milagro.

— Albert Einstein

En los rostros de hombres y mujeres, veo a Dios.

— Walt Whitman

Atesore su divinidad

El noveno secreto

Atesore
su divinidad

Usted es una creación divina de Dios. Nunca puede separarse de lo que lo creó. Si puede pensar en Dios como el océano, y en usted como un recipiente, podría serle útil en momentos de duda, o cuando se siente solo o perdido, recordar que es un recipiente de Dios. Cuando sumerge su vaso en el océano, lo que obtiene es un vaso de Dios. No es tan grande o tan fuerte, pero sigue siendo Dios. Mientras se rehúse a creer lo opuesto, no se sentirá separado de Dios.

Imagínese una gota de agua del océano de la abundancia separada de su fuente. Separada de su fuente, esa pequeña gota de agua terminará evaporándose y regresando a su fuente. Lo que quiero decir es que mientras está en forma líquida, desconectada de su fuente, pierde el poder de su fuente. Esta es la esencia del secreto de atesorar siempre su divinidad.

Mientras esté separado de su fuente en su mente, pierde el poder divino, el poder de su fuente. Al igual que la gota de agua, usted también perderá su forma y terminará regresando a su fuente. Mientras se sienta desconectado de Dios, pierde el poder de su fuente, la cual es el poder ilimitado para crear, para manifestar milagros y para experimentar la alegría de vivir. La gota de agua, desconectada de su fuente divina, simboliza su ego.

¿Qué es su ego?

Su ego no es más que una idea que usted carga a donde quiera que va. Esta idea le transmite el concepto que usted es la suma total de lo que tiene, de lo que hace, de lo que es. El ego insiste en que es un ser separado, que su personalidad y su cuerpo son su esencia, y que está en competencia con todos los demás egos con los cuales comparte este mundo, el cual es limitado y finito. Por consiguiente, el ego afirma, que debe temer a los demás, quienes a su vez desean todo eso a lo cual tienen derecho propio. En consecuencia, el ego lo lleva a creer que siempre hay enemigos a los cuales hay que temer. Como está separado de ellos, debe desechar la idea de cooperar con ellos, por miedo a ser traicionado. ¡El resultado es que tiene que desconfiar de todo el mundo!

Su ego también le dice que está separado de todo lo que le hace falta en su vida, y que debe gastar mucha energía persiguiendo lo que le hace falta. Aun más, como según su ego, usted es su cuerpo y su personalidad, está separado de Dios. Dios está por fuera de usted, es una fuerza a la que hay que temer, al igual que a todas esas fuerzas que intentan controlarlo. Entonces le suplica a esta fuerza externa, que le otorgue poderes especiales, para superar a todos esos otros egos que están tratando desesperadamente de quitarle lo que es suyo por derecho.

Su ego lo mantiene en un estado constante de miedo, preocupación, ansiedad y estrés. Le implora que sea mejor que todos los demás a su alrededor. Le ruega que presione con más fuerza para lograr que Dios se ponga de su lado. En breve, mantiene su estado separado de Dios y hace que se aterrorice de su propia divinidad.

Aceptar su divinidad

No existe un lugar en donde Dios no esté presente. Recuerde esto a diario. Se dice que Dios duerme en los minerales, descansa en los vegetales, camina en los animales y piensa en nosotros. Piense en Dios como en una presencia en vez de una persona, una presencia que permite que una semilla germine, que mueve las estrellas a través del cielo, y que al mismo tiempo mueve un pensamiento en su mente. Una presencia que hace crecer la hierba y al mismo tiempo hace crecer sus uñas. Esta presencia está en todas partes, por lo tanto, debe estar en su interior. Y si está en todas partes, debe estar en todo lo que percibe como faltante en su vida. De alguna manera inexplicable, ya está conectado a todo lo que desea atraer en su vida por la presencia de este Espíritu universal y todopoderoso llamado Dios.

Es posible que haya leído acerca de la vida de un gran santo de la India llamado Sai Baba. Él parece poseer poderes mágicos de manifestación instantánea, parece que su presencia sana a los enfermos y comunica un sentimiento de éxtasis divino y de paz a todos aquellos que están en su presencia. Un periodista occidental le preguntó una vez: "¿Es usted Dios?" Satya Sai Baba respondió sin dudar: "Sí, lo soy," ante lo cual todo el mundo en la audiencia quedó perplejo. Y luego de una pausa, prosiguió: "Y usted también lo es." La única diferencia entre usted y yo", dijo, "es que yo lo sé y usted lo duda."

Usted es un pedazo de Dios. Es una creación divina, un ser de luz que vino a este mundo en forma de ser humano, exactamente en el momento en que debía hacerlo. Su cuerpo partirá también en el momento perfecto. Pero usted no es ese cuerpo que percibe, ni su personalidad, sus posesiones o logros. Usted es el bienamado. Un milagro. Parte de la perfección eterna. Una pieza de la inteligencia divina que apoya todo y a todos en este planeta. En un mundo en el cual la inteligencia divina crea todo, no puede haber accidentes. Cada vez que usted experimenta miedo, auto-rechazo, ansiedad, culpa u odio, está negando su divinidad y está sucumbiendo a las influencias de ese ego insidioso que lo tiene convencido de que está desconectado de Dios.

U. S. Anderson escribió hace muchos años un libro inspirador llamado *Tres palabras mágicas*. El señor Anderson escribe acerca de la habilidad de convertirse en un hacedor de milagros y vivir según el ideal de la promesa hecha por Jesucristo. "Aun el más pequeño de entre vosotros puede realizar mis obras, y aun más grandes". El autor no revela las tres palabras mágicas hasta el final del libro, cuando el lector descubre que son: *Tú eres Dios*. No Dios en el sentido de "por encima de los demás y mejor que todos", sino en el sentido de estar conectado eternamente a su fuente, el momento siempre presente del amor que nunca lo abandona y que nunca se extingue. Puede confiar en esta fuente si recuerda siempre que eso lo incluye siempre.

El décimo secreto

Si crees que vale la pena vivir la vida, tu creencia te ayudará a convertir esta idea en realidad.

— William James

La sabiduría consiste en evitar todos los pensamientos que nos debilitan

Nada es, hasta que nuestro pensamiento hace que lo sea.

— William Shakespeare

El décimo secreto

La sabiduría consiste en evitar todos los pensamientos que nos debilitan

Cada pensamiento que tenga, debe ser analizado en términos de si lo debilita o lo fortalece. De hecho, existe una prueba muy sencilla para comprobar cualquier pensamiento que tiene en el presente. Funciona de la siguiente forma: Sostenga su brazo levantando a un lado de su cuerpo, y pídale a alguien que trate de empujar su brazo hacia abajo mientras usted ofrece resistencia. Piense en una mentira y advierta lo débil que se siente en comparación a si piensa en una verdad. Esto puede realizarse para cualquier pensamiento que se produce como respuesta a una reacción emocional.

En un libro titulado *El poder contra la fuerza*, el doctor David Hawkins, explica este método y le ofrece un mapa de la conciencia que le muestra cómo cada pensamiento, da un resultado que lo debilita o lo fortalece. La verdadera sabiduría consiste en supervisarse a todo momento, para determinar su estado relativo de fortaleza o de debilidad, y cambiar esos pensamientos que lo debilitan. De esta manera, se mantiene en un estado optimista y elevado de conciencia, y evita que sus pensamientos debiliten cada órgano de su cuerpo. Cuando usa su mente para empoderarse, está invocando aquello que lo reanima y eleva su espíritu.

El poder lo anima a vivir y a desempeñarse a su máximo nivel, y además es compasivo. La fuerza, por otro lado, involucra movimiento. Es contraria al poder, el cual es un campo fijo que nunca se mueve contra nada. Como la fuerza es movimiento, crea una contrafuerza. Esa contrafuerza se consume constantemente y requiere energía para alimentarse. En lugar de ser compasiva, la fuerza se asocia con la crítica, la competencia y el control de los demás. Por ejemplo, en un evento deportivo, sus pensamientos se concentran en vencer a su oponente, ser mejor que cualquier otro, y ganar a toda costa. Toda la estructura muscular corporal se debilita en realidad, porque los pensamientos de fuerza lo debilitan.

Por otro lado, si en medio de un evento deportivo, puede mantener sus pensamientos en desempeñarse a su máxima capacidad, o en usar su fuerza interna para canalizar la energía para que sea lo más eficiente posible a su favor, y en sentir gran respeto por las habilidades que Dios le ha dado, en realidad se está empoderando. Un pensamiento de fuerza requiere contrafuerza, y una batalla que debilita, mientras que un pensamiento de poder lo fortalece, ya que no se invoca ninguna contrafuerza que consuma su energía. Los pensamientos de poder lo energizan, ya que ellos no le exigen nada.

Pensamientos que lo debilitan

Si un simple pensamiento hace que los músculos de su brazo se debiliten o se fortalezcan, ¡imagínese lo que le sucede al resto de los músculos y órganos de su cuerpo! Su corazón es un músculo que se debilita con los pensamientos que le restan su poder. Sus riñones, hígado, pulmones e intestinos, están todos rodeados de músculos que son afectados por sus pensamientos.

El pensamiento que hace que la mayoría de las personas se sientan más débiles es la *vergüenza*, la cual produce humillación. La importancia de perdonarse a sí mismo no puede jamás enfatizarse suficiente. Si lleva consigo pensamientos de vergüenza acerca de lo que ha hecho en el pasado, se está debilitando tanto física como emocionalmente. De igual manera, si usa una técnica de vergüenza y humillación en cualquier *persona* que usted trate de reformar, lo que va a lograr es crear una persona débil que nunca logrará empoderarse, hasta que esos pensamientos de vergüenza y humillación sean eliminados. Alejar sus propios pensamientos de vergüenza, envuelve la voluntad de dejarlos partir, ver sus conductas pasadas como lecciones de las cuales tiene que aprender, y reconectarse a su fuente a través de la oración y la meditación.

Después de la vergüenza, la *culpa* y la

apatía son los pensamientos más debilitantes. Ellos producen las emociones de reproche y desesperación. Vivir con culpabilidad, es usar sus momentos presentes inmovilizado por lo que ya ha sucedido. Ni toda la culpa del mundo logrará deshacer lo que ya está hecho. Si sus comportamientos pasados lo movilizan para aprender de sus errores, esto no es culpa, es aprender del pasado. Pero aferrarse en el presente a sus supuestos errores, es culpa, y solo puede tener lugar en el presente.

Liberar la culpa es como quitarse un gran peso de su espalda. La culpa se libera por medio del poderoso pensamiento del amor y del respeto propios. Se empodera a sí mismo con amor y respeto, olvidándose de los estándares de perfección y rehusando usar el valioso "ahora" de su vida, con pensamientos que tan solo continúan frustrándolo y debilitándolo. En vez de eso, puede dedicarse a ser mejor de lo que solía ser, lo cual es la una verdadera prueba de nobleza.

Los pensamientos de apatía crean desespero. Son los pensamientos que evitan que se involucre verdaderamente en su vida. La apatía se deriva de sentir lástima por sí mismo y de la necesidad de ocuparse continuamente para evitar el aburrimiento. Nunca puede sentirse apático o solitario, si de verdad se ama a sí mismo. Cada momento del día nos presenta un número ilimitado de opciones para vivir a plenitud y conectarnos con la vida. No es necesaria una televisión o un radio sonando estruendosamente para evitar la apatía. Usted tiene su propia mente, la cual es un reino de posibilidades ilimitadas.

Usted tiene la opción cada día de levantarse y decir: "Buenos días, Dios" ú "Oh Dios, no un día más." Siempre tiene la posibilidad de escoger. Cualquier momento que llene con pensamientos de aburrimiento y de apatía, ciertamente lo debilitarán física, emocional y espiritualmente. Para mí, es un insulto para este asombroso universo lleno de cientos de millones de milagros, tan siquiera permitirme tener pensamientos de aburrimiento o de apatía.

Otros pensamientos notables que compiten para debilitarlo incluyen el miedo y la ira. Estas dos categorías de pensamientos, emplean la fuerza, la cual produce una contrafuerza y una atmósfera interna de tensión y debilidad. Cuando siente miedo, se aleja del amor. Recuerde: "El amor perfecto destierra todos los miedos". Lo que usted teme, lo resiente y termina por odiarlo. De ahí proviene la dicotomía del odio y el miedo trabajando en su interior, siempre debilitándolo.

Cada pensamiento que tiene, que lo mantiene en un estado de temor, lo aleja de su propósito y al mismo tiempo lo debilita. Sus pensamientos de temor lo invitan a inmovilizarse. Cuando descubra que está sintiendo temor, deténgase de inmediato e invite a Dios a su escenario. Entréguele el miedo a su Socio Mayoritario con estas palabras: "No sé cómo lidiar con esto, pero sé que estoy conectado a Ti, la fuerza creativa milagrosa del universo. Alejo mi ego de mi camino y te lo entrego a Ti." Inténtelo. Quedará sorprendido por la rapidez con que la energía del amor anula y disuelve sus temores y lo empodera al mismo tiempo.

La ira, de igual modo, es una reacción emocional a pensamientos que dicen: "Quiero que el mundo sea como yo soy, no como es, por eso estoy enojado". La ira a menudo es justificada como normal, pero siempre lo debilita, y tal como este principio nos lo recuerda, la sabiduría consiste en evitar todos los pensamientos que nos debilitan. No tiene que enojarse para corregir algo malo o para mejorar el mundo. Cuando se vuelve más pacífico, tan solo tiene paz para dar. Los momentos de frustración no provocan ira, tan solo le ayudan a estar más atento, y luego le inspiran una solución.

Cada pensamiento de ira lo aleja del amor y lo acerca a la violencia y a la venganza, las cuales son fuerzas que originan contrafuerzas, debilitando a todos los involucrados. Todos estos pensamientos de vergüenza, apatía, culpa, miedo e ira son energías, ya que todo en nuestro universo es una frecuencia vibratoria. Todos aquellos que lo debilitan son frecuencias bajas y lentas, y solo pueden disolverse atrayendo a su presencia las energías más elevadas y rápidas del espíritu.

Pensamientos que lo fortalecen

Cuando cambia de un pensamiento que tiene una vibración de muy baja energía a una frecuencia más elevada, pasa de la debilidad a la fortaleza. Cuando sus pensamientos son de culpar a los demás, se debilita. Pero cuando cambia al amor y a la confianza en los demás, se fortalece. Sus pensamientos vienen con una energía acompañante, así es que mejor que cambie hacia aquellos que lo empoderan. Una vez que se ha percatado de que lo que piensa es la fuente de su experiencia de la realidad, entonces comenzará a poner más atención a lo que está pensando en un determinado momento.

Hace muchos años, en un programa de radio tremendamente popular llamado *El secreto más insólito*, Earl Nightingale nos enseñó a muchas personas, que nos convertimos en lo que pensamos a lo largo del día. Sus pensamientos determinan si se siente empoderado o débil, feliz o triste, exitoso o no. Todo es un pensamiento que cargamos con nosotros. Los pensamientos felices crean moléculas felices. Su salud está determinada en gran parte por los pensamientos que tiene. Piense ardientemente que no tendrá gripe, y su cuerpo reaccionará a sus pensamientos. Rehúse ocupar su mente de sentimientos de fatiga, cansancio por el cambio de horario cuando viaja entre continentes, dolores de cabeza, y su cuerpo responderá a sus pensamientos.

Su mente le dice a su cuerpo que produzca las drogas necesarias para mantenerse saludable. Déle a alguien una pastilla de azúcar y convénzalo de que es una droga para combatir

la artritis, y el cuerpo de esa persona reaccionará al placebo incrementando la produc-
ción de energías para combatir la artritis. La
mente es una herramienta poderosa para crear
salud. También crea relaciones divinas, abundancia, armonía en los negocios y ¡hasta
lugares de estacionamiento! Si sus pensamientos se enfocan en lo que quiere atraer a su vida
y mantiene esos pensamientos con la pasión de
una intención absoluta, terminará actuando
según su intención, porque el ancestro de cada
acción es un pensamiento.

Los pensamientos que más lo empoderan
son los de paz, alegría, amor, aceptación y
buena disposición. Estos pensamientos no
crean una contrafuerza. Los pensamientos
poderosos, alegres, amorosos derivan de su voluntad de permitir que el mundo sea como es.
Entonces estará en un estado interno de éxtasis
en donde la serenidad reemplaza la lucha, la

reverencia por toda la vida substituye los an-
helos y la ansiedad, y la comprensión suplanta
el desdén Se convierte en una persona optimista. En vez de ver el vaso medio vacío, lo ve
siempre medio lleno.

Todo esto no es más que una decisión
consciente de su parte de estar a cargo de sus
pensamientos. Esté consciente en cualquier
momento de su vida, de que siempre tiene la
opción de escoger los pensamientos que pasan
por su mente. Nadie más puede poner un pensamiento ahí. Independientemente de las circunstancias en las que se encuentre, *es su
decisión*. Opte por reemplazar los pensamientos
debilitantes que le quitan su poder con pensamientos de frecuencia espiritual más elevada.

No se convenza de que no puede hacerse o
de que es más fácil decirlo que hacerlo. Usted
controla su mente. Usted crea y selecciona sus
pensamientos. Puede cambiarlos a su antojo.

En su derecho divino, su rincón de la libertad que nadie puede arrebatarle. Nadie tiene control sobre sus pensamientos sin su consentimiento. Asi es que evite los pensamientos que lo debilitan, y conocerá la verdadera sabiduría. *¡Es su decisión!*

Sobre el autor

El doctor Wayne W. Dyer es un autor y orador reconocido internacionalmente en el campo del desarrollo personal. Ha escrito varios libros de mayor venta, cintas de audio y videos, y se ha presentado en miles de programas de televisión y radio, incluyendo *The Today Show*, *The Tonight Show* y *Oprah*.

Notas

Notas

Notas

Notas

Notas

Notas

Notas

Notas

Notas

Esperamos que haya disfrutado de este libro de Hay House Lifestyles. Si desea recibir un catálogo gratis con todos los libros y productos de Hay House, o si desea mayor información acerca de la Fundación Hay, por favor, contáctenos a:

Hay House, Inc.
P.O. Box 5100
Carlsbad, CA 92018-5100
(760) 431-7695 ó **(800) 654-5126**
(760) 431-6948 (fax) ó **(800) 650-5115 (fax)**
Por favor, visite nuestra página en Internet:
hayhouse.com